# PARLER EN PUBLIC AVEC SUCCÈS

Éditions d'Organisation
Groupe Eyrolles
61, bd Saint-Germain
75240 Paris Cedex 05
www.editions-organisation.com
www.editions-eyrolles.com

Sous la direction de Sandrine Gelin et Khuê-Linh Truong

# PARLER EN PUBLIC
# AVEC SUCCÈS

EYROLLES

Éditions d'Organisation

# Sommaire

# Introduction

Les circonstances dans lesquelles un manager doit prendre la parole en public sont nombreuses : d'une simple réunion de travail où il faut défendre à l'improviste son point de vue en présence de collègues, collaborateurs et hiérarchiques, à une intervention longuement et minutieusement préparée pour une conférence dans un congrès réunissant des journalistes et plusieurs centaines de personnes.

La réussite de ces interventions constitue un véritable enjeu pour l'entreprise. C'est par ces prises de parole que sont véhiculés la plupart des messages qui feront progresser l'entreprise.

Mais vous n'avez pas une très grande expérience de la prise de parole en public. Vous n'êtes pas un orateur professionnel comme un avocat ou un journaliste. Vous devez prendre la parole occasionnellement. Vous vous sentez démuni devant cette tâche difficile et vous éprouvez une certaine inquiétude.

Vous avez néanmoins déjà de l'expérience dans ce domaine et vous avez déjà pris conscience des difficultés et des diverses dimensions de cette tâche. Vous souhaitez améliorer votre pratique.

En vous indiquant très précisément quelles procédures, quelles attitudes et quels comportements adopter, ce guide vous permettra de vous sentir de plus en plus à l'aise dans l'ensemble de vos interventions orales.

Ce guide ABIS d'autoformation suit le cheminement de vos besoins successifs au fur et à mesure de votre progression. C'est pourquoi il est divisé en quatre parties :

1. **J'agis.** Vous allez prochainement devoir intervenir en public. Cette première partie vous permet d'**appliquer immédiatement les « meilleures pratiques »**. Dès que vous aurez

commencé à appliquer quelques-unes de nos recommandations et constaté par vous-même que « cela fonctionne », vous
aurez envie d'aller plus loin. Vous consulterez alors la
deuxième partie.

2. **J'approfondis.** Cette partie vous permettra de comprendre
   pourquoi ces « meilleures pratiques » sont si efficaces et sur
   quels principes elles se fondent. Vous vous exercerez peu à peu
   à de nouvelles pratiques et commencerez à vous poser la question de leur contexte général. Vous consulterez alors la troisième partie.

3. **J'élargis.** Cette partie vous permettra d'élargir votre horizon et
   de comprendre les origines de ces pratiques, ainsi que leur
   place dans la compétitivité des entreprises. De plus en plus à
   l'aise, vous pourrez alors vous approprier pleinement les
   nouvelles pratiques grâce à la quatrième partie.

4. **J'intègre.** Vous pourrez utiliser **les tests et outils d'ABIS** pour
   vous tester et pour progresser. **Les citations** vous permettront
   de promouvoir à votre tour les bonnes pratiques là où vous
   êtes.

Ces quatre parties suivent le cheminement de chacun d'entre
nous au cours de son apprentissage :

- je ne sais pas que je ne sais pas, mais il me faut néanmoins **agir** ;
- je sais que je ne sais pas, et je veux donc combler mes lacunes et
  **approfondir** ;
- je sais que je sais, j'agis en connaissance de cause et je peux
  **élargir** mon horizon ;
- je ne sais plus que je sais, car j'ai pu **intégrer** les acquis dans ma
  pratique quotidienne.

En fin d'ouvrage, vous trouverez un glossaire sur tous les termes
utilisés et une bibliographie sur chacun des thèmes majeurs de ce
guide.

Bonne lecture à la découverte des secrets des orateurs chevronnés !

# PARTIE I

# J'AGIS

## J'UTILISE DÈS AUJOURD'HUI LES « MEILLEURES PRATIQUES »

# 1

# Pour situer le contexte de ma future intervention, je fais un rapide diagnostic



*L'homme n'est pas fait pour méditer, mais pour agir.*
Jean-Jacques Rousseau

*C'est en forgeant qu'on devient forgeron.*
proverbe

Je fais un repérage rapide :
- du cadre de mon intervention ;
- du style de l'entreprise ;
- de l'auditoire ;
- de mes tendances personnelles ;
- du matériel dont je vais pouvoir disposer ;
- de mon statut lors de mon intervention orale.

Et j'agis.

## QUEL EST LE CADRE DE MON INTERVENTION ?

Le cadre de mon intervention peut être de deux types : les réunions et conférences d'une part, les événements récurrents de la vie d'entreprise d'autre part.

| | | | | | | Les réunions et conférences | | | | | | |
|---|---|---|---|---|---|
| Cadre de l'intervention orale | Objet | Objectif | Public | Type de prise de parole | Ressources techniques | Ressources personnelles à mettre en œuvre |
|---|---|---|---|---|---|---|
| Réunion de négociation | Confronter des points de vue différents | Aboutir à une solution | • Direction<br>• Collaborateurs<br>• Partenaires sociaux | • Donner son avis<br>• Présenter un avis déjà préparé<br>• Argumenter<br>• Convaincre<br>• Persuader | Inexistantes ou élémentaires | • Appliquer les méthodes de négociation<br>• Avoir une bonne capacité de persuasion |
| Brainstorming ou réunion de créativité | Confronter, comparer, discuter les nouvelles idées pour en trouver une à la fois nouvelle et applicable | Rechercher une innovation | • Direction<br>• Collaborateurs | • Animer le brainstorming<br>• Participer au brainstorming en donnant toutes ses idées | Si la totalité de la réunion se déroule sous forme d'un brainstorming, une méthodologie éprouvée | Connaître les techniques d'animation des groupes et la méthodologie du brainstorming |
| Réunion d'information | Transmettre des informations qui ne donnent pas lieu à débat | Faire en sorte que le message soit clair, compris de tous et que ce qui en découle soit exécuté | • Cadres<br>• Collaborateurs | Faire un exposé structuré des informations | • *Paperboard*<br>• Vidéo | • Être clair<br>• Bâtir son intervention avec rigueur |
| Réunion directrice | Annoncer un plan d'action | Informer et convaincre l'auditoire du bien-fondé d'une décision, le motiver, obtenir son adhésion | • Direction<br>• Collaborateurs | Faire un exposé structuré | • Paperboard<br>• Vidéo | • Être clair, savoir convaincre, motiver, faire adhérer |
| | | | | | | .../... |

J'AGIS

| Les réunions et conférences | | | | | | |
|---|---|---|---|---|---|---|
| Cadre de l'intervention orale | Objet | Objectif | Public | Type de prise de parole | Ressources techniques | Ressources personnelles à mettre en œuvre |
| Réunion de formation | Transmettre un savoir, un savoir-faire, un savoir-être | S'assurer que les connaissances ont bien été transmises | • Cadres<br>• Collaborateurs | • Faire des exposés<br>• Susciter des échanges entre participants<br>• Susciter et poser des questions<br>• Échanger | • *Paperboard*<br>• Vidéo | Être clair, connaître les techniques d'animation de groupe. |
| Conférence ou colloque | Traiter d'un sujet, d'un thème | Exposer son message, diffuser des informations | • Direction<br>• Collaborateurs<br>• Partenaires de l'entreprise<br>• Journalistes | Faire un exposé *ex-cathedra* | Le maximum de ressources techniques :<br>• salle,<br>• éclairage,<br>• vidéo-projection,<br>• sonorisation,<br>• micros | Maîtriser l'art oratoire |
| Conférence, discussion ou colloque | Traiter d'un sujet et en discuter avec l'auditoire | | • Direction<br>• Collaborateurs<br>• Partenaires de l'entreprise<br>• Journalistes | • Faire un exposé<br>• Susciter les questions<br>• Poser des questions | Le maximum de ressources techniques :<br>• salle,<br>• éclairage,<br>• vidéo-projection,<br>• sonorisation,<br>• micros | • Maîtriser l'art oratoire<br>• Connaître les techniques d'animation et de persuasion |

...</...

## Les réunions et conférences

| Cadre de l'intervention orale | Objet | Objectif | Public | Type de prise de parole | Ressources techniques | Ressources personnelles à mettre en œuvre |
|---|---|---|---|---|---|---|
| La séance de travail en commission | • Échanger des points de vue<br>• Rechercher une solution à un problème, préparer et construire une décision | | • Collaborateurs<br>• En petit nombre | • Donner son avis<br>• Argumenter<br>• Échanger<br>• Persuader | *Paperboard* | |
| La séance-discussion ou réunion participative | Faire adhérer à une solution préparée d'avance | Faire accepter, vendre ses idées | • Collaborateurs<br>• Équipe | • Exposer<br>• Argumenter<br>• Persuader | • Vidéo-projection<br>• *Paperboard* | • Maîtriser l'art de la persuasion et de la conduite de réunion<br>• Art de l'animation<br>• Semi-directivité |
| La séance de travail d'équipe (souvent hebdomadaire ou mensuelle) | Résoudre les problèmes qui se posent au quotidien dans le travail | Trouver des solutions au quotidien | • Cadres<br>• Collaborateurs<br>• Équipe<br>• En petit nombre | • Informer<br>• Échanger<br>• Convaincre<br>• Rechercher des solutions<br>• Questionner | *Paperboard* | |

## Les autres circonstances : les événements récurrents de la vie de l'entreprise

| Cadre de l'inter-vention orale | Objet | Objectif | Public | Type de prise de parole | Ressources techniques | Ressources personnelles à mettre en œuvre |
|---|---|---|---|---|---|---|
| Rassemblements de début ou de fin d'année | Faire un bilan de l'année passée et introduire l'année à venir | Valoriser l'entreprise et ses salariés, les motiver | Toute l'entreprise réunie | Discours approfondi des dirigeants | • Salles<br>• Le maximum de ressources techniques | • Maîtriser l'art oratoire<br>• Disposer de toutes les informations utiles |
| Fête de fin d'année pour les enfants | Introduire un spectacle, remettre des cadeaux | • Faire plaisir aux salariés et à leurs enfants<br>• Valoriser l'entreprise | Les salariés qui ont des enfants et leurs enfants | Discours rapide des dirigeants | • Salles<br>• Arbre de Noël<br>• Salles de spectacle | Être rapide dans son intervention, détendu et amusant |
| Fêtes du personnel | Renforcer les liens entre l'entreprise et ses salariés | • Favoriser la commu-nication interne | Tout le personnel de l'entreprise | Discours des dirigeants | • Salles simples<br>• Simples (un micro) | Être rapide dans son intervention, détendu et amusant |
| Accueil des nouveaux collaborateurs | Présenter les nou-veaux aux anciens, présenter l'entreprise aux nouveaux | • Accélérer l'intégra-tion des nouveaux<br>• Valoriser l'entreprise | Les nouveaux et ceux avec qui ils seront en relation | Discours de l'encadre-ment | Simples (un micro) | Susciter la sympathie |
| Promotions et remises de médailles | Honorer les salariés | • Renforcer la motiva-tion<br>• Valoriser l'entreprise | Les promus et médaillés, souvent lors de fêtes de fin d'année ou de fête du personnel | Discours des dirigeants ou de l'encadrement | Simples (un micro) | Être laudatif |
| Départ à la retraite | Honorer les salariés | Faciliter le passage de la vie active à la retraite | Les futurs retraités en présence de collègues | Discours des dirigeants ou de l'encadrement | Simples (un micro) | Être laudatif |

J'AGIS

## QUEL EST LE STYLE DES PRISES DE PAROLE DANS L'ENTREPRISE ?

On ne prend pas la parole de la même façon dans toutes les entreprises : la façon de parler à un auditoire composé d'ingénieurs et de techniciens de l'industrie, de financiers, d'administratifs ou de commerciaux est différente. De même on ne parle pas de la même manière à des professionnels de la grande distribution, ou au contraire du luxe, de la santé, de la communication et des médias ou encore devant des agents des services publics. Ce qui est « convenable » ici ne l'est plus là. Ce qui est recherché ici est banni ailleurs.

Les prises de paroles sont-elles :

- rares et peu désirées ;
- recherchées et attendues ;
- nombreuses et redoutées ;
- formelles ;
- structurées ;
- décontractées ;
- informelles ;
- relâchées ?

Le vocabulaire habituellement utilisé est-il :

- technique ;
- spécifique ;
- jargonnant ;
- flou ;
- simple ;
- clair ;
- précis ?

Les aides techniques[1] sont-elles :

- inexistantes ;
- simples mais suffisantes ;
- sophistiquées mais peu maîtrisées ;
- sophistiquées et maîtrisées ?

## DEVANT QUEL AUDITOIRE AURAI-JE À PARLER ?

### Positionnement

- Supérieurs hiérarchiques
- Collègues de même niveau hiérarchique
- Collaborateurs
- Représentants du personnel et syndicalistes
- Partenaires extérieurs à l'entreprise
- Journalistes

### Caractéristiques

- Âge
- Ancienneté
- Qualification
- Rites de communication
- Centres d'intérêt
- Niveau culturel et ouverture d'esprit

### Attitude et attente

- Familiarisés avec le sujet
- Niveau d'intérêt (une intervention parmi tant d'autres ou la réponse à une question)

---

1. Du feutre à la salle de conférences équipée.

- Degré d'implication
- Résistances potentielles



Quel est le cadre habituel de vos interventions ?
Quelles conclusions en tirez-vous ?

..........................................................................................................

..........................................................................................................

..........................................................................................................

## QUELLES SONT MES TENDANCES PERSONNELLES ?

Je dois surtout tenir compte de ce que je suis moi-même et repérer mes forces et faiblesses, ainsi que les principales difficultés que je vais devoir affronter. Cet autodiagnostic me permettra de comprendre sur quelles dimensions je devrai faire porter mon effort pour m'améliorer.

Je fais porter mon autodiagnostic sur les dimensions suivantes :

- pour la phase de préparation :
  - capacité d'analyse et de synthèse,
  - rigueur ;
- pour la phase de l'intervention orale proprement dite :
  - sensibilité au trac,
  - style habituel de relation et de communication avec les autres,
  - style d'autorité,
  - voix, gestes, langage corporel,
  - capacité d'écoute et capacité d'empathie,
  - réactivité.

> Faites l'autodiagnostic
> de vos tendances personnelles
> grâce au test d'ABIS, page 129.

## LE MATÉRIEL DONT JE VAIS POUVOIR DISPOSER CORRESPOND-IL BIEN AUX BESOINS DE MON INTERVENTION ?

### Le jour de l'intervention

- *Paperboard* avec feutres multiples.
- Tableau magnétique avec feutres multiples.
- Rétroprojecteur.
- Vidéoprojecteur à partir d'un ordinateur.
- Salle à aménager en fonction des besoins.
- Salle déjà aménagée.

### Pour préparer mon intervention

- Notes personnelles.
- Notes de service.
- Statistiques internes à l'entreprise ou à la profession.
- Renseignements provenant de divers rapports internes, externes.
- Presse professionnelle ou presse nationale.
- Sites Internet.
- Contacts oraux.
- Autre.

## À QUEL TITRE VAIS-JE INTERVENIR ?

- Simple participant dans une réunion.
- Hiérarchique dans une réunion interne.
- Expert dans une réunion interne.
- Animateur ou formateur dans une réunion.
- Expert, conférencier, orateur dans une conférence.

Dans ce livre, nous privilégions les prises de parole dans le cadre d'un travail d'équipe, d'un travail en commission, en réunion d'information, en réunion directive, en conférence-discussion, car ce sont elles les plus fréquentes. Ce sont également celles au cours desquelles les managers et les collaborateurs de l'entreprise sont le plus souvent amenés à intervenir. Mais, du simple participant qui doit prendre la parole à l'improviste au cours d'une réunion de travail au conférencier de renommée internationale, les inquiétudes et le trac se ressemblent, ainsi que les techniques à utiliser et les attitudes à privilégier.

Ce sont elles que nous présentons ici. Chacun, en fonction de son vécu et de l'expérience qu'il aura déjà acquise, pourra trouver matière à progression.

# 2

# J'improvise



*La parole n'a pas été donnée à l'homme, il l'a prise.*
Louis Aragon

Les prises de parole les plus fréquentes se rapprochent souvent de l'improvisation, par exemple au cours d'une réunion de travail, généralement hebdomadaire (souvent le lundi matin) ou mensuelle. On peut alors facilement être pris de panique quand on entend le président de séance dire : « Et vous, Bernard, quel est votre point de vue sur le sujet ? »

De très nombreuses autres circonstances nécessitent aussi le recours à l'improvisation : un sujet prévu dans un colloque, mais dont l'axe de présentation doit changer au dernier moment, un orateur à remplacer au pied levé, le public qui s'endort et qu'il faut réveiller, la question inattendue, etc.

Quelles que soient les circonstances :

| Lors de mon intervention… | Je dois donc… |
| --- | --- |
| Je dois être entendu. | Parler suffisamment fort et avoir une bonne présence corporelle et gestuelle. |
| Je dois être écouté. | Maintenir l'attention du public pendant toute la durée de mon intervention. |
| Je dois être compris. | Séduire et convaincre ceux qui m'écoutent. |

## DANS LE CAS D'UNE INTERVENTION INFORMELLE, J'APPLIQUE DES RÈGLES SIMPLES

Dans le cas d'une intervention informelle en tant que membre d'une équipe dans une réunion de travail, j'applique les règles suivantes :

- je me mets en début de réunion dans la disposition mentale de devoir prendre la parole à l'improviste, c'est-à-dire de faire quelque chose qui n'était pas prévu ;
- si je sens le trac monter, je fais immédiatement d'imperceptibles mouvements de relaxation (par exemple avec les pieds sous la table) ;
- je suis concentré, je m'implique fortement, je montre mon enthousiasme et j'obtiens ainsi l'attention de mes collègues ;
- je parle avec sincérité, spontanéité et simplicité ; je souris ;
- je suis précis, concis, je fais des phrases courtes ;
- je prends mon temps : je fais très attention à ne pas parler trop vite, je parle lentement ;
- je suis conscient que la façon de m'exprimer est aussi importante que le contenu de mon message et que je dois utiliser à la fois :
  - le langage verbal (le contenu de ce que je dis),
  - le langage paraverbal (le ton, l'intonation et le timbre de ma voix),
  - et le langage non verbal (mes gestes, mes mimiques, mes postures) ;
- je pense à conclure mon intervention en quelques mots ;
- et surtout, je ne parle pas longtemps.

## DANS LE CAS D'UNE PRÉSENTATION FORMELLE, J'AJOUTE QUELQUES RÈGLES

Aux règles précédentes j'en ajoute d'autres.

Je repousse éventuellement l'intervention à plus tard si je n'ai pas en mémoire les éléments pour pouvoir dire quelque chose d'intéressant et d'utile.

Je me pose les questions suivantes : que cherche l'auditoire ? Que doit-il retenir de ce que je vais dire ? Quelle solution vais-je lui apporter ?

Je gagne du temps car le pire serait de rester coi :

- je dialogue avec moi-même ;
- je réfléchis à haute voix ;
- je fais les questions et les réponses, le temps que le fil rouge de mon intervention se construise dans ma tête.

Je mets mon vécu au service de mon improvisation en parlant de moi-même et de mon expérience.

Je m'adapte à mon auditoire grâce à l'écoute et à l'observation : je fais attention aux réactions du public et je rebondis en conséquence.

Je montre mon enthousiasme, j'essaie d'avoir de l'humour et de faire rire.

J'élabore rapidement le plan de mon intervention : j'ai recours au plan suivant, qui fonctionne toujours :

- situation – contexte ;
- conséquences – problématique ;
- résolutions – recommandation.

J'adapte mon intervention à mon auditoire :

- je lui parle de ce qui l'intéresse (lui-même) ;
- je lui parle des questions qu'il se pose ;
- je lui parle de ce qui le préoccupe ;
- je lui apprends quelque chose.

J'applique les règles d'exposition :

- je simplifie en me concentrant sur deux ou trois idées au maximum ;
- je grossis, j'amplifie, j'embellis l'idée pour mieux la faire comprendre ;
- je répète trois fois mes idées principales :
  - introduction : je dis ce que je vais dire,
  - développement : je le dis,
  - conclusion : je résume ce que j'ai dit ;
- je ne dévoile pas tout tout de suite (j'en garde en réserve, si nécessaire).

J'applique les règles de la persuasion :

- je prouve ce que j'avance ;
- je séduis le public pour l'émouvoir ;
- je fais déboucher mon intervention sur une proposition d'action concrète ;
- j'écoute les collègues, je reformule ce qu'ils disent, je dialogue.

Et vous ?

Lors d'une improvisation récente, comment avez-vous réagi ?

..............................................................................................

..............................................................................................

Sur quels points pensez-vous pouvoir progresser ?

..............................................................................................

..............................................................................................

# 3

# Je prépare le contenu de mon intervention



*Imitons l'abeille, elle fait de grandes randonnées,*
*sans perdre son objectif.*
Louis-Marie Parent

Habituellement, les interventions ne sont pas improvisées mais préparées. La phase de préparation peut d'ailleurs être longue et difficile. Elle réclame la plus grande attention car elle est indispensable pour réaliser ensuite une bonne prestation orale. Je la conduis en cinq étapes.

## JE RECUEILLE LES DONNÉES NÉCESSAIRES

- Je mène une recherche documentaire.
- Je consulte l'information disponible, qui peut parfois être pléthorique, sur Internet, dans la presse spécialisée, auprès d'institutions représentatives, etc.
- J'utilise la documentation interne de l'entreprise et/ou d'un centre de documentation spécialisé.
- J'utilise la documentation que je me suis constituée.
- Je complète cette information de base par des interviews pour récolter des informations plus fines et circonstanciées.

Pour réaliser vos entretiens de manière efficace, voici, en quelques mots, la démarche à suivre :

1. Préparer l'interview en :
   - clarifiant les objectifs ;
   - préparant un guide d'entretien ;
   - prenant rendez-vous personnellement par téléphone ;
   - veillant aux délais car les interviews sont parfois longues à organiser ;
   - programmant une durée suffisante pour l'interview ;
   - se renseignant sur son interlocuteur.

2. Démarrer l'entretien en :
   - rompant la glace ;
   - introduisant clairement l'entretien en annonçant son objectif et son déroulement ;
   - obtenant un accord sur la méthode de déroulement de l'entretien ;
   - commençant par les thèmes les plus faciles ;
   - posant des questions claires pour obtenir de réponses précises.

3. Entretenir le mouvement au cours de l'interview, tout en restant souple, en :
   - restant silencieux quand il le faut ;
   - reformulant, relançant ;
   - suivant les idées nouvelles qui peuvent se présenter ;
   - quittant les hypothèses de départ s'il le faut ;
   - s'adaptant au rythme de l'autre.

4. Conclure l'entretien en :
   - synthétisant l'essentiel de ce qui a été dit ;
   - fixant les prochaines étapes ;
   - laissant la porte ouverte pour d'éventuelles nouvelles rencontres.

## À PARTIR DES INFORMATIONS RECUEILLIES, JE FAIS APPARAÎTRE MES MESSAGES PHARES PAR ÉTAPES SUCCESSIVES

Je dispose d'un ensemble de faits ou d'informations hétéroclites dont je dois tirer des idées élémentaires qui serviront de fil rouge à mon intervention. Je trie les éléments dont je dispose en faisant des regroupements successifs. En fonction de mes habitudes et de mes préférences, je choisis plutôt :

- un raisonnement inductif qui suit une progression ascendante : du concret à l'abstrait, en partant de constatations pour en dégager le principe. Je fais des regroupements inductifs ;
- un raisonnement déductif qui suit une progression descendante, qui identifie les faits liés entre eux par un lien logique, cause/effet par exemple. Je fais des regroupements déductifs.

À partir des regroupements effectués :

- je dresse une première liste des messages qui résument l'information recueillie et je les exprime sous forme active (comme un verbe d'action à l'infinitif ou conjugué) ;
- à l'aide de cette première liste, j'en fais une seconde plus réduite et exprime chaque message sous forme d'un titre actif (comme un verbe d'action à l'infinitif ou conjugué) ;
- et ainsi de suite, tant que cela est nécessaire ;
- sur la dernière liste, je contrôle que les regroupements soient exhaustifs et englobent bien toutes les informations recueillies ;
- sur la dernière liste, je contrôle que les messages soient mutuellement exclusifs, qu'ils ne se recoupent pas.

> Entraînez-vous à trouver vos messages clés avec l'outil d'ABIS, page 141.

## J'EXPRIME MON IDÉE PRINCIPALE EN UNE PHRASE

À partir des divers regroupements, je fais ressortir mon idée principale.

Je la formule par une phrase qui peut commencer ainsi :

- *Ce qui compte, c'est…*
- *En résumé toute cette analyse amène à penser que…*
- *En un mot je pourrai dire que…*

## JE SÉLECTIONNE QUELQUES POINTS CLÉS

J'ai une idée maîtresse, mais j'ai aussi récolté beaucoup d'arguments. Trop peut-être… Car l'abondance d'arguments peut affaiblir la preuve et être contre-productive.

Je sélectionne donc les arguments que je vais utiliser car ce sont les meilleurs. Je laisse les autres de côté car je ne veux pas noyer l'auditoire et finir par l'ennuyer.

**Et vous ?**

Avez-vous généralement une vision claire du message principal que vous voulez délivrer lors de votre intervention ?

............................................................................................

............................................................................................

# 4

# Je structure ma présentation en fonction de mes objectifs et de mon auditoire



> *Les objectifs que tu te fixes t'aident à surmonter*
> *des problèmes provisoires.*
> Hannah More

Dans la phase préalable de diagnostic, j'ai pu déterminer mon objectif et les attentes de mon auditoire sur lesquels je m'appuie pour bâtir mon intervention.

## JE FORMULE POUR MOI-MÊME MON OBJECTIF EN UNE PHRASE

Mon objectif, c'est la réaction que je cherche à obtenir de mon auditoire, à la suite de mon discours (par exemple : convaincre de changer de distributeur, d'élargir la gamme des produits).

Mon objectif me conduit à choisir une forme adaptée au public. Le sujet intervient peu sur la forme. C'est l'auditoire qui me conduit à envisager :

- un ton qui va lui faire comprendre quelle est mon attitude envers lui (du tact avec les supérieurs, de la diplomatie avec les subordonnés) ;
- un langage qui va me permettre d'être compris de tous ;
- une structure en fonction des résistances potentielles à certaines idées, du niveau de connaissance du sujet (plus le sujet est

nouveau pour le public, plus il faut partir d'arguments qui lui seront familiers) ;

- un temps d'intervention : je ne me demande pas : « Combien de temps faut-il pour traiter mon sujet ? » mais : « Combien de temps mon auditoire a-t-il à lui consacrer ? » ;
- des aides visuelles : je prends un grand soin à leur préparation car elles sont indispensables. Elles facilitent l'intérêt, la compréhension, la mémorisation, l'adhésion, la synthèse.

> Testez et améliorez la pertinence
> de votre objectif avec l'outil d'ABIS,
> page 144.

## JE CONSTRUIS MON PLAN

Dans la phase d'analyse, je me suis efforcé d'utiliser tous les éléments disponibles ayant un lien avec le sujet pour aboutir à une synthèse. Mais c'est un long cheminement, beaucoup trop long pour l'auditoire.

Mon intervention, elle, doit être directe et convaincante. Je vais donc devoir sélectionner les messages et bâtir mon plan en fonction de l'objectif que je me suis fixé. C'est ainsi que j'arriverai à « vendre » mon message.

Je peux utiliser deux techniques :

- la juxtaposition d'arguments de même niveau, ce qui équivaut à établir une liste d'arguments (j'utilise cette technique pour décrire et informer) ;
- l'enchaînement d'arguments liés entre eux de manière que l'auditeur admette nécessairement la conclusion (j'utilise cette technique pour persuader et faire agir).

Dans les cas où je choisis l'enchaînement d'arguments, je peux utiliser différents plans :

- le développement linéaire :
  - la chronologie : passé, présent, futur ; faits, causes, conséquences ; situation, problème, solution ; faits, opinions, recommandations,
  - du général au spécifique : monde, Europe, France ; industrie, entreprise, produit ;
- la déduction :
  - la situation d'ensemble,
  - la situation particulière ;
- l'argumentation :
  - la discussion d'une question : thèse, antithèse, synthèse ; thèse adverse, critique de cette thèse, thèse personnelle,
  - la comparaison : parentés apparentes, différences notables, divergences profondes ; corrélations manifestes, parentés profondes ; oppositions apparentes, conciliations possibles, corrélations réelles.

> Entraînez-vous à construire un plan
> rapidement avec l'outil d'ABIS,
> page 149.

## JE RÉDIGE TOUTE MON INTERVENTION OU BIEN JE NOTE SEULEMENT LES POINTS CLÉS ET LES ENCHAÎNEMENTS

Selon mon degré de connaissance du problème et mon expérience de la prise de parole, je choisis de rédiger l'ensemble de mon intervention ou seulement les points clés et les enchaînements.

Si je rédige tout, je devrai prendre soin, lors de la prestation orale, de ne pas rester « le nez dans mes papiers ». Si je suis débutant, il me faudra néanmoins tout rédiger, mais dès que j'aurai un peu d'expérience, je préférerai la deuxième solution qui me donnera beaucoup plus d'aisance ensuite.

Dans la phase de rédaction, je tiens compte du ton, du langage et de la durée de mon intervention, des attentes et réactions prévisibles du public.

J'attribue un paragraphe à chaque idée et je ne place qu'une idée dans chaque paragraphe :

- je résume l'idée développée par la première phrase (même si les auditeurs relâchent ensuite leur attention, ils auront bien reçu le message) ;
- j'aborde les sous-idées dans un ordre logique ;
- je fais des paragraphes de longueur variable pour rendre ma prestation agréable à écouter.

J'assure des transitions qui permettent à l'auditeur de mieux :

- suivre mon fil directeur ;
- comprendre la relation d'une idée à une autre et au plan d'ensemble ;
- discerner les idées clés de mon raisonnement ;
- retenir ce que je dis, grâce, notamment, à certaines répétitions.

J'utilise des mots comme :

- *en premier lieu, ensuite ;*
- *le premier, le deuxième, le troisième…, le dernier ;*
- *de plus ;*
- *de la même manière ;*
- *en revanche ;*
- *au contraire ;*
- *pour donner un exemple ;*
- *en conséquence ;*

- *en résumé ;*
- *en bref ;*
- *d'un seul mot ;*
- *d'un seul coup d'œil ;*
- *en quoi cela nous intéresse-t-il ?*
- *quelles sont les possibilités envisageables ?*

Pour une transition complète entre deux parties importantes, je fais figurer :

- un résumé concis de la partie précédente ;
- une explication du lien avec la partie suivante ;
- l'annonce du plan de la partie suivante.

L'introduction et la conclusion sont fondamentales. L'introduction éveille en effet l'intérêt de l'auditeur et l'incite à écouter la suite. La conclusion reformule les idées principales et ouvre des perspectives.

Je rédige intégralement et soigneusement l'introduction et la conclusion.

Dans l'introduction :

- j'apporte la réponse (succincte) à la question posée ;
- j'annonce les principaux points que je vais traiter.

En guise de conclusion, je peux :

- présenter mes constatations (résumé des faits) ;
- présenter mes conclusions (opinions) ;
- présenter mes recommandations.



**Et vous ?**

Prenez-vous bien soin de rédiger complètement votre introduction et votre conclusion ?

.................................................................................................................................

Sinon, pourquoi ne le faites-vous pas ?

.................................................................................................................................

En quoi cela vous est-il préjudiciable lors de vos interventions ?

.................................................................................................................

Si vous le faites, en avez-vous déjà ressenti les bénéfices ?

.................................................................................................................


## JE PRÉPARE LES AIDES VISUELLES

Du simple *paperboard,* ou tableau magnétique sur lequel j'écris tout en parlant, aux films vidéo complexes élaborés pour introduire une conférence, toutes les aides visuelles sont utiles à condition d'être de qualité et préparées dans les règles de l'art. Sinon, elles peuvent laisser une très mauvaise impression.

Je choisis un mode de projection. Je privilégie la création d'aides visuelles par logiciel de préAO et la projection à partir de mon micro-ordinateur portable. (Le logiciel le plus couramment utilisé est PowerPoint, mais il en existe d'autres. Ils permettent de réaliser des documents dans un temps record.)

Je prépare des supports visuels simples et percutants :

- je privilégie le format horizontal (en paysage) car les écrans sont généralement plus larges que haut ;
- je choisis une charte graphique et je standardise les informations de base ;
- je numérote chaque support ;
- j'écris des textes les plus courts possible. Ils doivent être lisibles, me permettre de ne pas être prisonnier de mon texte et laisser mon auditoire toujours disponible à ce que je dirai à l'oral.

Pour y parvenir :

- je sacrifie des éléments d'information ;
- j'utilise des mots courts ;
- je supprime tous les mots inutiles (articles, adjectifs, prépositions, adverbes) ;

- je fais des phrases courtes : sujet, verbe, complément ;
- j'écris les nombres en chiffres (et pas en toutes lettres) ;
- je regroupe les idées ;
- je sélectionne les points essentiels.

Pour réaliser des textes agréables à lire :

- j'ai recours à des illustrations (symboles et pictogrammes) ;
- j'utilise des minuscules, plus lisibles que les majuscules ;
- j'utilise un gros caractère ;
- je rédige mes messages en dix à douze mots, au minimum en corps 24, sur deux lignes ;
- je rédige des phrases de douze à quinze mots, au minimum en corps 18 ;
- je ne dépasse jamais quarante mots sur un seul support ;
- je fais des graphiques sobres et dépouillés. Si le message est trop dense, je lui consacre plusieurs vues superposables qui apportent progressivement des compléments d'information ;
- j'utilise la couleur à bon escient pour créer une ambiance et faciliter la compréhension du message :
  - je prends en compte les règles de lisibilité,
  - je joue sur l'intensité, le contraste et la masse des couleurs,
  - je m'appuie sur les registres symbolique et psychologique des couleurs.

## JE RÉPÈTE MON DISCOURS DANS LE TEMPS QUI M'EST IMPARTI

S'il y a beaucoup d'enjeu à mon intervention ou si je suis encore assez inexpérimenté, je répète mon discours.

- Je répète jusqu'à ce que je le dise dans le temps imparti (si je suis trop long, il me faudra renoncer à certains éléments secondaires. Si je suis trop court parce que je parle trop vite, il me faudra apprendre à ralentir mon débit). Il faut en général trois répétitions pour maîtriser le contenu, les enchaînements et les aides visuelles dans le temps réservé à l'intervention.

- J'apprends à manipuler avec aisance l'enchaînement des supports visuels et à les coordonner à ma prestation orale.



Avez-vous déjà répété votre intervention ?

...................................................................................................

...................................................................................................

...................................................................................................

# 5

# J'envoie les convocations



*C'est un honneur d'avoir le risque de ne pas plaire.*
*Cela signifie qu'on est attendu.*
Laurent Gaudé

Si cela ne dépend pas de moi, je prends soin de vérifier que les convocations ou invitations ont bien été envoyées, je m'informe du taux de réponses pour suggérer d'éventuelles relances.

Si cela dépend de moi, j'envoie par écrit (courrier, note interne, e-mail) une convocation ou une invitation sur laquelle je fais au moins figurer :

- le thème et l'objectif de la présentation ;
- la date et l'heure de la réunion (si cela est possible, je privilégie la plage horaire de 10 heures à 13 heures) ;
- l'heure de la fin de la réunion ;
- le lieu d'accueil.

# 6

# Je m'occupe du lieu d'accueil et des équipements



*Il faut un minimum de confort pour pratiquer la vertu.*
Saint Thomas d'Aquin

Je retiens (ou je fais réserver) la salle :

- si cela convient, j'organise la réunion dans mon bureau ;
- sinon, je réserve une salle ;
- ou je me préoccupe de la réservation d'une salle en externe.

Je choisis une salle claire, suffisamment spacieuse, dans laquelle il ne fait ni trop chaud ni trop froid (environ 20°C).

Je vérifie que je disposerai bien du matériel nécessaire :

- tables à ma convenance (ronde, ovale, pouvant être réparties en U ou en V) ;
- sièges confortables ;
- tableaux de conférence à feuilles avec des rouleaux de recharge ;
- tableau blanc ;
- feutres de différentes couleurs ;
- vidéoprojecteur et son écran ;
- cartes, graphiques… ;
- ordinateur et son ;
- écran.

Le jour de ma présentation :

- je place le mobilier et les équipements à ma convenance ;

- je veille à ce que tous les branchements soient corrects et que tous les matériels soient en état de marche ;
- je laisse les participants se placer seuls ou je leur attribue une place en fonction de leur statut, de leurs compétences particulières, de leur personnalité ;
- si les personnes ne se connaissent pas, je prévois des badges indiquant leur nom, leur statut et leur mission ainsi que des marque-places ;
- éventuellement je prévois une rapide collation au moment de l'accueil ;
- éventuellement je prévois un déjeuner pris en commun ;
- éventuellement je prévois un cocktail en fin d'après-midi.

# 7

# Je réalise ma présentation



*Un bon archer atteint la cible avant même d'avoir tiré.*
Zhao Buzhi

Le grand moment est arrivé. J'ai mis toutes les chances de mon côté pour que mon intervention soit une réussite.

Je prends soin de m'habiller de façon que ma tenue vestimentaire soit appropriée à l'importance de l'événement, à la qualité de l'auditoire et au style de l'entreprise. Je choisis des vêtements que j'ai déjà portés, amples, discrets et légers (car je dépenserai beaucoup d'énergie et j'aurai donc rapidement chaud).

## JE GÈRE MON TRAC

Dès que je sens le trac apparaître, je respire profondément et calmement, je fais quelques mouvements de décontraction… et je ne m'en fais pas trop, car le trac disparaît peu de temps après que l'on a commencé à parler.

## JE TIENS COMPTE DU LANGAGE DU CORPS

- J'adopte une posture ferme et stable et je contrôle les gestes de mes bras, de mes jambes, de ma tête.
- J'accompagne mes paroles par des mimiques et je souris souvent.
- J'accompagne mes paroles par des gestes amples.

## J'UTILISE CORRECTEMENT LES AIDES TECHNIQUES

- J'apprends à utiliser le micro.
- Je me positionne non en face de l'écran, mais à côté de lui.
- Je ne regarde pas l'écran, je regarde le public. Je fais particulièrement attention à ne pas tourner le dos au public, car c'est un risque constant.
- J'aide l'auditoire à se repérer sur l'écran en pointant un élément (directement sur le projecteur ou sur l'écran, avec la main ou avec un pointeur).

## JE MAÎTRISE MA VOIX

- Je parle fort et distinctement.
- Je contrôle mon débit de parole et je parle lentement.
- Je varie mes intonations.

## JE DOMINE MON LANGAGE VERBAL

Je choisis :
- un style positif, aux tournures de phrases positives ;
- des mots positifs ;
- la forme active ;
- les verbes d'action.

J'évite :
- les tics de langage (*bon, en effet, si vous voulez, vous voyez, pour ainsi dire, c'est-à-dire, n'est-ce pas, voilà, d'accord*) ;
- le participe présent (*sachant que, faisant, employant*) ;
- les clichés.

## JE RENDS MON INTERVENTION VIVANTE

- J'utilise quelques trucs bien connus des orateurs. Ils sont toujours appréciés des auditeurs : je raconte des anecdotes, je pose des questions, je raconte une histoire drôle.
- Je réponds aux questions classiques : qui, quoi, où, quand, comment, pourquoi.
- Je peux avoir recours à quelques « figures de style » : la comparaison, la métaphore, la répétition, l'exagération, la litote, l'euphémisme.

J'AGIS

## JE TIENS COMPTE DES RÉACTIONS DU PUBLIC

- Je reste attentif aux réactions du public pour adapter ce que je dis, aller plus vite, moins vite, revenir sur un point.
- Je favorise le débat en posant des questions.

## JE RESPECTE MON TEMPS DE PAROLE

- J'effectue mon intervention dans le temps imparti.
- Je vérifie l'heure et le bon déroulement du timing sur une pendule murale plutôt que sur ma montre.

> Testez votre niveau de langage,
> faites votre profil et apprenez à parler
> en professionnel avec les outils d'ABIS
> page 151.

# PARTIE II

## J'APPROFONDIS

### JE COMPRENDS COMMENT LES « MEILLEURES PRATIQUES » SONT DEVENUES DES RÉFÉRENCES

Si vous songez à une intervention orale devant un auditoire, quels verbes vous viennent à l'esprit ?

| | | | |
|---|---|---|---|
| S'exprimer, improviser, prendre du plaisir. | Connaître son sujet, être crédible, s'entraîner, répéter. | Avoir le trac, gérer son tract. | |
| Convaincre, s'impliquer, avoir de la repartie, capter l'attention, persuader. | Écouter, observer, être concentré, faire court. | Respirer, sourire, prendre son temps, faire des phrases courtes. | Structurer, dialoguer avec soi-même, grossir le trait. |
| Prévoir, stimuler l'imagination, s'adapter, orienter, donner envie. | Être sincère, être spontané, être simple, parler vrai. | Avoir de l'humour, faire rire, croire en soi. | |

Parler à un auditoire – et non pas devant un auditoire – c'est un peu tout cela et peut-être encore plus.

Et n'oubliez jamais que vous parlez à un auditoire de quelque chose et non pas de quelque chose à un auditoire.

# 8

# Tromper son trac



90 % des personnes qui doivent parler devant un auditoire ont le trac. Pas étonnant donc, si vous l'éprouvez. Le trac est nécessaire, car c'est une émotion… et pour réaliser de bonnes prestations orales, la capacité de ressentir est indispensable.

Il n'empêche, c'est un ressenti très désagréable. Dans le cerveau, l'hypothalamus reconnaît une situation stressante. Il lance l'état d'alerte. Il déclenche des réactions biochimiques : décharge d'adrénaline, de noradrénaline et de cortisone. Ces hormones agissent alors sur l'ensemble du corps : le foie libère du sucre et des acides gras dans le sang pour accroître l'énergie, le cœur bat plus vite, la pression artérielle augmente, le cerveau et les muscles sont plus irrigués, la bouche s'assèche, la respiration s'accélère, la transpiration augmente.

Il faut dire que la prise de parole en public fait remonter à la surface des sentiments profonds comme le mal-être ou le manque de confiance en soi. Le système éducatif français, assez rigide, ne favorise pas la prise de parole spontanée et, dans l'entreprise, parler en public c'est souvent s'exposer à jouer sa réputation.

Plusieurs moyens permettent de surmonter le trac :

- se familiariser avec les lieux et organiser l'espace à sa façon ;
- identifier son auditoire (voir le diagnostic de la première partie) ;
- être en bonne condition physique, avoir une bonne hygiène de vie au quotidien et notamment le jour de l'intervention orale :

- prendre le temps d'un vrai petit déjeuner,
- bien s'alimenter, ne pas sauter de repas, ne pas manger sur le pouce,
- faire de l'exercice le matin au réveil,
- faire de l'exercice pendant les trajets (ne pas prendre les escalators dans le métro, préférer les escaliers aux ascenseurs),
- faire des exercices de respiration et de relaxation ;

- avoir une tenue vestimentaire en harmonie avec les attentes de l'auditoire et dans laquelle vous vous sentez à l'aise (éviter les vêtements neufs ou trop étriqués) ;
- détendre son corps : bâiller pour reprendre de l'air, agiter les bras et les mains, décontracter la tête et le cou par des rotations de la tête, respirer plusieurs fois profondément en utilisant la respiration abdominale (qui vient du ventre) ;
- faire bouger ses mains et ses pieds, en ronds concentriques ;
- améliorer sa posture : se tenir droit, les pieds légèrement écartés et bien à plat. Laisser les mains suivre leurs mouvements naturels ;
- établir un rituel (comme beaucoup de chanteurs ou d'acteurs) ;
- crisper les muscles du front ;
- pincer les lèvres l'une contre l'autre ;
- ouvrir la bouche le plus possible ;
- ouvrir les yeux le plus possible ;
- inspirer par le nez, expirer lentement ;
- vérifier que le pupitre (s'il y en a un) est réglé à une hauteur qui vous convient (pour éviter ensuite de vous retrancher derrière vos notes) ;
- réduire les risques d'incidents lors de l'intervention : vérifier tout ce qui peut l'être, notamment la numérotation des pages de vos supports visuels ;
- trouver un endroit tranquille pour rassembler vos esprits ;
- prendre une collation (café, jus d'orange, etc.) ;

- discuter à bâtons rompus avec les gens qui sont arrivés et qui patientent.



**Avez-vous le trac ?**

.......................................................................................................

.......................................................................................................

.......................................................................................................

Être tendu ou non fait aussi partie de votre personnalité. Vous devez être vous-même habitué à votre niveau de stress, alors, ne vous en faites pas : foncez, lancez-vous, dès que vous aurez prononcé vos premières phrases, le trac disparaîtra petit à petit !

# 9

# Agencer l'espace, le matériel, la documentation



## LA SALLE

Elle doit :

- être bien dimensionnée, surtout pas trop petite car l'assistance s'y sentirait mal à l'aise et aurait envie de la quitter ;
- ne pas être trop sonore car cela entraîne des résonances gênantes ;
- être bien chauffée en hiver ;
- être bien ventilée ou climatisée en été.

## L'ÉCLAIRAGE

- Penser au niveau de participation recherché au moment des projections.
- Pour une réunion discussion, un débat, tout le monde doit se voir : l'éclairage ambiant doit être réduit autour de l'écran et augmenté dans le reste de la salle.
- Pour informer, la salle peut être assombrie lors des projections.

## LE FONCTIONNEMENT DU MATÉRIEL

- Vérifier que les prises électriques fonctionnent.
- Prévoir des prises multiples.
- S'assurer que les commandes d'éclairage sont à portée de main.
- Vérifier l'état de fonctionnement de tout le matériel.
- Vérifier que le pupitre, s'il y en a un, vous convient : si l'assistance n'est pas très nombreuse, il vaut mieux qu'il ne soit pas surélevé, car cela suggérerait une envie de domination ; sa hauteur doit vous convenir (il ne doit pas être réglé trop haut, ce qui incite à se retrancher derrière ses notes et à se couper de l'assistance).

## LE CONFORT DE L'ASSISTANCE

L'auditoire doit pouvoir :
- être confortablement installé ;
- prendre des notes ;
- vous voir de face ;
- voir l'écran et vos diapositives ou tout autre support.

Il peut être installé :
- en salle de spectacle (grands auditoires, conférences, information) ;
- en tables en U. Cette disposition permet à l'orateur de se déplacer à l'intérieur du « U ». Il assure ainsi une meilleure interaction avec les participants. Un éventuel vidéoprojecteur et son écran peuvent également être placés en face de la partie ouverte du « U ». Les participants ont ainsi une vue parfaitement dégagée sur l'écran. Cette configuration est à privilégier pour la persuasion, les débats, les discussions ;
- en table rectangulaire (réunions d'équipe, de travail, de commission, de prise de décision) ;

- en table ovale (réunions d'équipe, de travail, de commission, de recherche de solutions, de prise de décision) ;
- en table ronde (réunions d'équipe, réunion de travail, brainstorming, recherche de solution, prise de décision).

Il doit disposer de :

- blocs de papier, crayons et stylos ;
- documentation écrite reprenant la documentation projetée.

## LA LISIBILITÉ À L'ÉCRAN

Lors des projections qui accompagnent l'intervention, pour la bonne lisibilité à l'écran, il faut :

- positionner l'image en haut de l'écran afin qu'il reste une large bande blanche en bas de ce dernier. En effet, c'est une zone qui est souvent masquée à l'auditoire par le vidéoprojecteur ou par la tête des autres participants ;
- vérifier que lors de la projection l'image n'est pas déformée ;
- régler la netteté de l'image sur les caractères les plus petits.

## LES AUTRES ACCESSOIRES

Les accessoires à prévoir peuvent être les suivants :
- micros, tableau noir, tableau blanc, chevalet de papier, table de travail, pointeur ;
- verre et bouteille d'eau.

## LA DOCUMENTATION

Il convient de remettre une documentation papier aux participants. En effet :

- les aides visuelles sur papier sont un très bon complément à votre intervention ;
- ceux qui vous écoutent auront, après coup, un document auquel se référer si cela s'avère utile ;
- certaines personnes préfèrent suivre une présentation sur un support papier plutôt qu'à l'écran.

Les documents remis, imprimés seulement au recto, peuvent prendre la forme de :

- feuillets horizontaux reprenant sur chaque page un visuel de votre présentation ;
- feuillets verticaux avec sur chacun d'eux trois ou quatre visuels de votre présentation, les uns sous les autres ;
- feuillets verticaux avec sur chaque feuillet en haut un visuel de votre présentation et en bas le commentaire y afférant ;
- un document complet reprenant l'ensemble de votre présentation, texte de votre prestation orale, visuels et commentaires, dans un format A4 vertical.

Les documents peuvent être remis :

- au début de votre intervention si l'auditoire est composé d'un petit groupe et si l'objectif est de convaincre ;
- à la fin de l'intervention s'il s'agit d'un auditoire important et si l'objectif est d'informer. Mais prévenez dès le début que vous remettrez un document résumant votre intervention, cela évitera à l'auditoire de passer son temps à prendre des notes.

Et vous ?

Que préférez-vous ? Remettre ou non une documentation ?

.......................................................................................................

.......................................................................................................

Quels sont les avantages et les inconvénients de ces deux méthodes ?

.......................................................................................................

.......................................................................................................

# 10

# Apprivoiser les lois subtiles de la communication



*Entre Ce que je pense, Ce que je veux dire, Ce que je crois dire,*
*Ce que je dis, Ce que vous avez envie d'entendre, Ce que vous entendez,*
*Ce que vous avez envie de comprendre, Ce que vous comprenez,*
*Il y a dix possibilités qu'on ait des difficultés à communiquer.*
*Mais essayons quand même.*
Bernard Werber

J'APPROFONDIS

La communication est un phénomène complexe qui a ses lois. Tout intervenant qui veut que son intervention soit un succès doit les prendre en compte.

## PENSER « RÉCEPTEUR »

Dans la communication, un émetteur émet un message destiné à un récepteur par l'intermédiaire d'un signal émis dans un certain contexte en vue d'atteindre certains objectifs.

Ainsi :

- vous (l'émetteur) ;
- faites une intervention (le message) ;
- dans une entreprise (le contexte) ;
- pour informer, convaincre ou faire agir (les objectifs) ;
- destinée à un certain public (le récepteur) ;
- par l'intermédiaire d'un langage – verbal, corporel – (le signal).

Toute communication peut donc être analysée en répondant aux questions suivantes :

| Les questions | Les réponses |
| --- | --- |
| Qui ? | L'émetteur : un individu, un groupe, une institution |
| Dit quoi ? | Le message |
| Où ? | Le contexte dans lequel s'effectue la communication |
| Pourquoi ? | L'objectif |
| À qui ? | Le récepteur, individu, groupe, institution |
| Comment ? | Les moyens, le canal de transmission |
| Avec quels résultats ? | Les effets |

Quand le récepteur a reçu le message, il peut devenir à son tour émetteur dans ce qu'on appelle le *feedback* (communication en retour).

Cela peut se représenter par le schéma suivant :

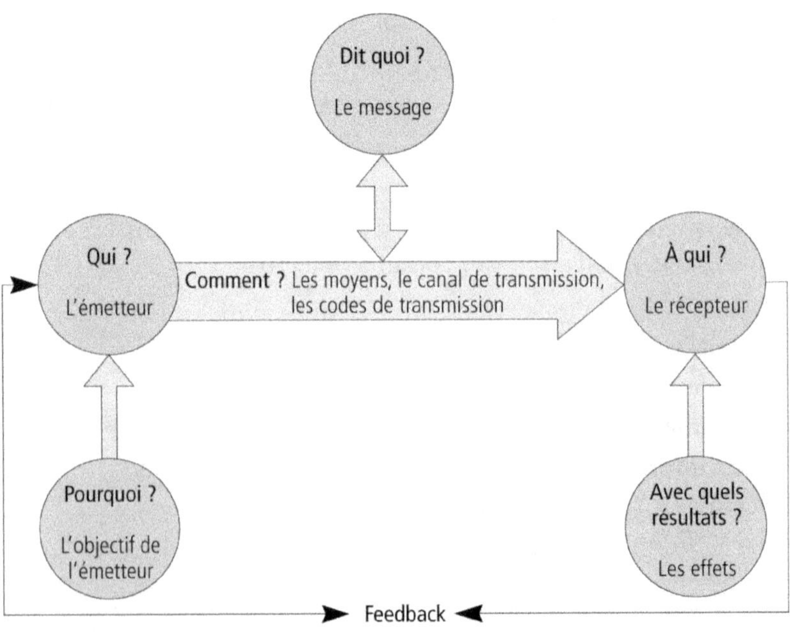

Ainsi, dans votre intervention, vous devez toujours penser au récepteur, à la façon dont il va percevoir votre message. Et c'est bien sûr là que les difficultés commencent.

## ÉLARGIR L'ENTONNOIR DE LA COMMUNICATION

À chaque étape de la communication peuvent intervenir de nombreuses distorsions et la communication lors de votre intervention peut se représenter par un entonnoir :

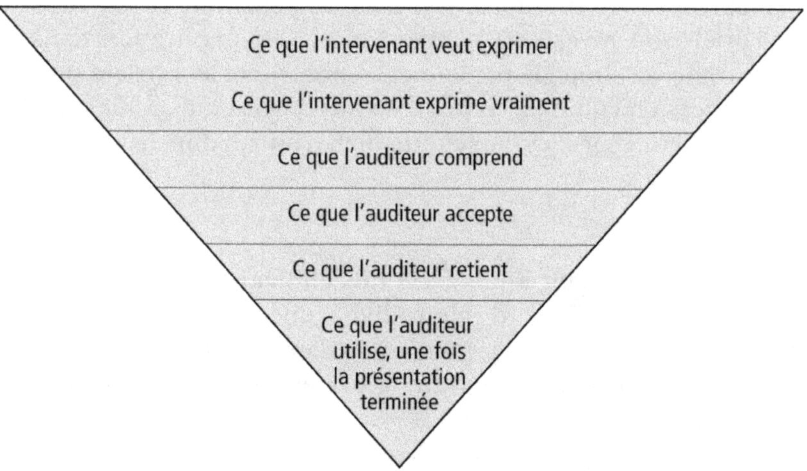


C'est pourquoi, dans une intervention orale, il ne faut pas craindre de répéter plusieurs fois la même chose.

## RÉDUIRE LES BIAIS COGNITIFS

L'univers cognitif est l'univers qui concerne les grandes fonctions de l'esprit (perception, langage, mémoire, raisonnement). Cet univers, très complexe, est traversé par deux grands biais, parmi bien d'autres.

### Les filtres

Chacun de vos auditeurs va être amené à « filtrer » ce qu'il entend et voit, à l'interpréter en fonction de nombreux paramètres : sa personnalité, ses émotions, son histoire personnelle, son registre sensoriel, son niveau de connaissance, son implication dans le sujet traité, sa stratégie personnelle concernant sa carrière professionnelle, sa relation par rapport à vous dans la hiérarchie, sa relation à ses collègues, et sans doute bien d'autres dimensions.

### L'effet de halo

L'effet de halo, quant à lui, a été mis en évidence par le psychologue américain Edward Thorndike : une caractéristique jugée positive à propos d'une personne, d'une entreprise ou d'une collectivité a tendance à rendre la perception des autres caractéristiques positives elles aussi.

Et cela, naturellement, joue dans les deux sens : une caractéristique jugée négative a tendance à rendre la perception des autres caractéristiques négatives.

Ainsi, selon les cas et selon l'image que vous dégagez, vous pouvez ou craindre l'effet de halo ou au contraire en tirer le meilleur parti.

## VARIER LES REGISTRES SENSORIELS

La notion de registre sensoriel a été mise en lumière par la PNL (programmation neurolinguistique)[1], créée autour des années 1975 par deux Américains, Richard Brandler et John Grinder. Leur objectif était de décrire les comportements efficaces ou intuitifs de manière qu'ils puissent être reproduits et de rechercher des techniques et méthodes destinées à améliorer la communication.

La PNL a montré que chacun utilise de préférence un système de perception : plutôt visuel ou auditif, plutôt d'un autre sens : kinesthésie (le toucher), odorat, goût. Ce système de perception est appelé VAKOG pour : Visuel, Auditif, Kinesthésique, Olfactif, Gustatif.

Pour augmenter vos chances d'être bien compris par tous, il vous faut utiliser tour à tour un langage dont les connotations sont plutôt auditives, plutôt visuelles, plutôt kinesthésiques. Cela vous permettra de répéter votre message selon des registres différents. Vous aurez alors un double gain : répéter (puisque cela est nécessaire à cause des diverses déperditions dans le processus de communication) et le faire dans divers registres sensoriels.

Ainsi, pour attirer l'attention d'un visuel, vous direz plutôt :

- *voyez-vous* ;
- *visiblement* ;

---

1. Mais que veut donc dire ce mot barbare, « programmation neurolinguistique » ? « Programmation » fait référence au fait que chacun élabore des stratégies répétitives que l'on pourra décoder. « Neuro » fait référence au traitement par le système nerveux de données issues de la perception sensorielle. « Linguistique » concerne les comportements et le langage, verbal et non verbal, qui sont le reflet de l'état interne. C'est en agissant au niveau des comportements et du langage que l'on pourra agir sur la programmation si elle n'est pas satisfaisante. La PNL souligne que chacun possède sa propre carte du monde en fonction de laquelle s'élaborent ses choix et ses comportements et que les difficultés de communication viennent des différences entre les cartes de chacun. L'orateur peut ainsi avoir une carte du monde totalement différente des auditeurs ou au contraire une carte du monde en harmonie avec la leur.

- *cette question doit être éclaircie ;*
- *il faut donner une perspective ;*
- *être lucide et clairvoyant ;*
- *nous concentrer sur les objectifs.*

Pour attirer l'attention d'un auditif, vous direz plutôt :

- *entendez-vous ;*
- *bien entendu ;*
- *parlez de ce sujet ;*
- *dites-nous ce que vous avez retenu ;*
- *écoutez ces conseils ;*
- *jouez sur toute la gamme.*

Pour attirer l'attention d'un kinesthésique, vous direz plutôt :

- *sentez-vous ;*
- *ce que nous recherchons ;*
- *c'est du bon sens ;*
- *il faut avoir les pieds sur terre ;*
- *prenez contact ;*
- *il faut avoir du flair ;*
- *nous ressentons ;*
- *nous éprouvons.*

> Testez et élargissez votre registre
> sensoriel avec les outils d'ABIS,
> page 157.

## LAISSER ÉMERGER LES ÉMOTIONS

Un échange peut être représenté par un iceberg. Ce que l'on voit, c'est la partie émergée de l'iceberg : le rationnel, les faits décrits ou les opinions émises. Mais tout cela est sous-tendu par la partie immergée de l'iceberg : les sentiments et les émotions.

Lors de votre intervention :

- la partie émergée, ce sont vos arguments, vos liaisons logiques, vos graphiques projetés à l'écran, etc. ;
- la partie immergée, c'est toute l'émotion que vous éprouverez vous-même et que vous arriverez à faire passer pour intéresser, impliquer, convaincre et pousser à l'action vos auditeurs.

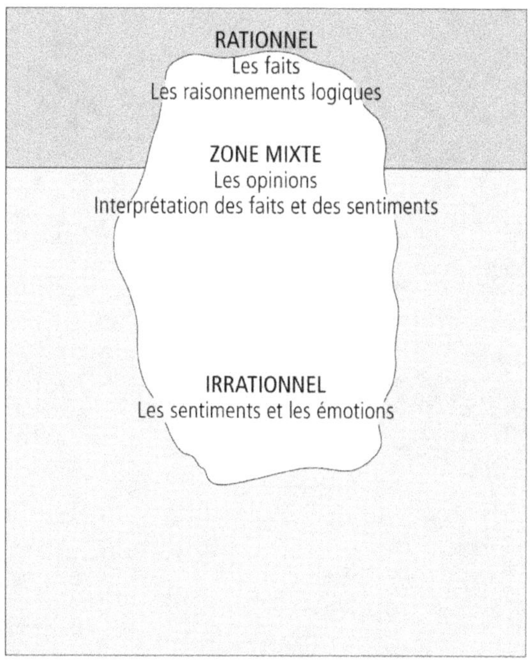


Il n'y a pas de bonne prestation orale sans le recours, d'une manière ou d'une autre, à l'émotion. C'est l'émotion qui fait passer les idées.

Pour pouvoir utiliser ses émotions, il faut :

- devenir conscient de ses propres émotions ;

- apprendre à les contrôler ;
- recueillir des indices des émotions des autres à travers le langage de leur corps ;
- évaluer les émotions des autres.

C'est alors que l'orateur pourra faire une bonne prestation.



Comment réagissez-vous vis-à-vis de vos propres émotions ?

..................................................................................................................................

Vis-à-vis de celles des autres ?

..................................................................................................................................

# 11

# Amplifier sa voix et sa gestuelle pour tenir son public en haleine



Le langage non verbal est un grand allié pour favoriser l'intérêt de l'assistance, sa compréhension, son implication.

Bien au-delà des mots, votre auditeur se forge une opinion par toute une série de signes positifs qu'il reçoit. Des recherches ont d'ailleurs montré que 7 % des messages reçus étaient transmis par les mots eux-mêmes, 38 % par la voix et 55 % par l'expression du visage et du corps.

Ainsi, dès les premières phrases que vous prononcez, le langage non verbal a une importance primordiale et il la gardera tout au long de votre intervention.

C'est lui, notamment, qui crée la première impression : alors que le langage verbal se situe au niveau du rationnel et de l'expression consciente des sentiments (la partie émergée de l'iceberg), le langage non verbal traduit plutôt une attitude vis-à-vis de l'auditeur. C'est donc lui qui donne sa tonalité et son image à l'intervention.

La communication non verbale est façonnée par un ensemble constitué de l'expression du visage, des gestes, du ton, de la vitesse d'élocution, de la posture.

Comment donc agir sur des facteurs d'image qui facilitent l'échange ?

## JOUER DE LA VOIX POUR SE FAIRE ENTENDRE ET INTÉRESSER

La voix est votre outil principal : c'est elle qui vous fera entendre, c'est elle qui fera vibrer l'assistance ou au contraire l'endormira.

Votre premier « devoir » est de vous faire entendre : vous devrez parler pour l'auditeur le plus éloigné. Instinctivement cela vous amènera à forcer votre voix. Vous en retirerez immédiatement des bénéfices, car en parlant plus fort vous parlerez aussi plus lentement, plus clairement, plus posément. Vous respirerez plus profondément et tout votre corps se détendra.

Qu'utilise-t-on quand on parle ?

- Un appareil phonatoire composé de :
  - un soufflet, l'appareil respiratoire, moteur de la voix (au cours de l'expiration l'air vibre entre les cordes vocales et c'est ce qui produit le son) ;
  - un générateur sonore (les vibrations de l'air sur les cordes vocales) ;
  - des résonateurs (qui transforment le son émis).
- Une voix, avec :
  - sa couleur, son timbre ;
  - son volume ;
  - son épaisseur.
- Un mouvement, avec :
  - une intonation, une modulation ;
  - un débit ;
  - une ponctuation ;
  - des silences ;
  - une articulation.

Pour que la voix apparaisse claire, posée, sereine, chaleureuse, il faut :

- respirer, être décontracté et détendu (pour bien poser sa voix, il faut bien respirer) ;
- travailler son timbre, ses modulations et ses intonations (pour éviter toute monotonie) ;
- contrôler son débit (la plupart du temps on parle trop vite ; un débit facilement audible est de cent vingt à cent quatre-vingts mots par minute) ;
- ménager des temps de silence pour donner un rythme à son intervention ;
- marquer des pauses entre chaque point important (en profiter pour regarder l'auditoire) ;
- à mesure que l'on progresse, ralentir et insister sur les points essentiels ;
- prendre soin de sa voix en évitant de trop l'exposer (tabac, alcool, liquides glacés, air froid).

Pour tirer le meilleur parti de sa voix, il faut aussi prononcer correctement et articuler :

- ouvrir la bouche franchement ;
- desserrer les mâchoires ;
- faire de larges mouvements des lèvres ;
- prononcer les mots entiers ;
- prononcer les *e* muets et les *h* aspirés.

**Et vous ?**

Pourriez-vous décrire votre voix ? Savez-vous quel effet elle produit ?

.................................................................................................................

.................................................................................................................

.................................................................................................................

> Testez votre articulation
> et améliorez-la avec l'outil d'ABIS,
> page 163.

**J'APPROFONDIS**

## INTENSIFIER LES EFFETS DE SA VOIX GRÂCE À SA GESTUELLE ET SES MIMIQUES

Vos gestes et tout votre corps, vos mimiques et votre visage donnent de l'ampleur à ce que vous dites et peuvent vous aider à exprimer votre attitude interne. Il convient donc :

- d'exprimer par vos mimiques les attitudes positives d'intérêt, concentration, sincérité, réceptivité (le sourire participe à la plupart des mimiques positives) ;
- d'utiliser vos gestes pour renforcer ce que vous dites, notamment les gestes de vos mains (mais attention, il faut aussi contrôler les gestes parasites : par exemple tripoter quelque chose).

Pour pouvoir mobiliser les attitudes corporelles qui conviennent, pour ne pas vous faire trahir par le langage de votre corps, mais au contraire l'utiliser, il faut en connaître le langage secret que le tableau suivant vous aidera à repérer :

*Le langage secret du corps*

| Partie de votre corps | Position, mouvement ou geste | Signification pour votre auditeur | Remarque |
|---|---|---|---|
| Votre tête | Baissée | Acceptation, soumission, infériorité, manque de conviction. | À éviter. |
| | Relevée | Retrait ou supériorité, voire agressivité. | |
| | Inclinée | Ouverture d'esprit, accord, séduction. | |
| Votre buste | En avant, déployé | Intérêt, curiosité, agressivité, triomphe, domination. | |
| | En retrait, tassé | Désengagement, distance, découragement. | À éviter. |
| Votre bassin | En avant | Mépris des convenances, nonchalance, provocation. | |
| | En arrière | Respect des formes, crainte du contact. | |

| Partie de votre corps | Position, mouvement ou geste | Signification pour votre auditeur | Remarque |
|---|---|---|---|
| Vos jambes et vos pieds | Balancement d'avant en arrière | Communication difficile, navigation à vue. | |
| | Balancement latéral, monter sur la pointe des pieds | Stress, hésitations. | Provoque un malaise chez celui qui écoute. |
| | Déhanchement | Attente, fatigue, ennui, besoin de détente. | |
| | Battements de pieds | Énervement, stress. | Donne souvent des informations contradictoires avec celles que veut donner le haut du corps. À maîtriser impérativement. |
| | Croiser les jambes | Défense, repli sur soi. | |
| | Jambes en équerre sur l'autre | Besoin de prendre de la distance. | |
| | Déplacements | Désir d'intégrer quelqu'un, accompagnement de divers gestes, désir de souligner ce qui est important. | Souvent nécessaires et utiles. Ils doivent se faire à pas réguliers. Sinon, ils transmettent du stress. |
| | Dandinement | Nervosité. | |
| Vos bras et vos mains | Bras le long du corps | Disponibilité. | |
| | Bras croisés | Besoin de protection, fermeture. | À éviter absolument. |
| | Main en forme de bourse | Exactitude, précision. | |
| | Pince pouce-index | Importance, finesse du propos. | |
| | Poing fermé | Désir de persuasion, de domination | |
| | Mouvement vertical, la main en forme de tranchoir | Agacement, agressivité, désir d'imposer une solution. | |
| | Main ou index dressé ou pointé vers l'auditoire | Désir de solliciter l'attention. Volonté de souligner l'importance du moment. | Très utile pour raviver l'attention. Mais attention, cela est parfois interprété comme de l'impolitesse, notamment par les Asiatiques. |

.../...

| Partie de votre corps | Position, mouvement ou geste | Signification pour votre auditeur | Remarque |
| --- | --- | --- | --- |
| *(suite)* Vos bras et vos mains | Coup de poing | Forte agressivité, volonté d'avoir le dernier mot. | Rarissime. À éviter. |
| | Paumes en l'air | Incertitude, désir d'approbation. | |
| | Paumes en bas | Désir de calmer le jeu. | |
| | Paumes vers l'extérieur | Protestation, refus. | |
| | Paumes vers l'intérieur, en face à face | Réconfort, conciliation, désir d'échange véritable. | |
| | Mains ouvertes | Intégrité, enthousiasme, désir de souligner les points importants. | Gestuelle à favoriser et amplifier. |
| | Mains qui se croisent et se décroisent ; qui tripotent, qui tirent sur quelque chose, qui tremblent | Gestes parasites. | |
| | Croiser les doigts | Peur et souci de protection. | |
| | Tout geste d'auto-contact (fait de se toucher le visage, les cheveux, etc., avec ses mains) | Nervosité, embarras, trac, malaise, voire mensonge. | À éviter absolument. |
| Votre visage et vos mimiques faciales | Froncer les sourcils | Perplexité, préoccupation, concentration, préparation de l'action. | |
| | Soulever les sourcils | Surprise, curiosité. | |
| | Ciller ou cligner des paupières | Adaptation, extériorisation, entrain. | |
| | Pincer le nez | Nervosité, raideur, pessimisme, inquiétude, opposition, contradiction. | |
| | Dilater le nez, sourire | Plaisir, satisfaction, ouverture. | |
| | Fermer la bouche | Indépendance, objectivité, joie d'agir et satisfaction quant à son action personnelle. | |

...∕...

| Partie de votre corps | Position, mouvement ou geste | Signification pour votre auditeur | Remarque |
|---|---|---|---|
| *(suite)* Votre visage et vos mimiques faciales | Pincer les lèvres | Fermeture au monde extérieur, opposition à ce qui n'est pas son système de référence, de pensée et d'action. | |
| | Relever la bouche | Désir de s'affirmer, s'imposer, orgueil, fierté, contentement de soi, ascendant sur autrui. | |
| | Baisser la bouche | Pessimisme, doute de soi, indécision. | |
| Vos yeux | Regarder vers le haut | Sensibilité aux images. | |
| | Regarder fixement, droit devant soi | Réflexion. | |
| | Regarder latéralement, à droite ou a gauche | Sensibilité aux sons. | |
| | Regarder en bas | Sensibilité à ses propres sensations, réflexion sous forme de dialogue intérieur. | |

Entraînez-vous pour améliorer
votre aisance gestuelle
avec l'outil d'ABIS, page 165.

## ÉTABLIR UN RAPPORT POSITIF AVEC L'ASSISTANCE GRÂCE AU REGARD

C'est principalement votre regard qui crée un lien entre vous et les membres de l'assistance. Un auditeur qui ne se sent jamais regardé peut relâcher son attention. Un auditeur qui sent qu'on le regarde est un auditeur impliqué.



J'APPROFONDIS

Pour établir une relation positive avec le public et impliquer chacun de ses membres, il vous faut :

- regarder une fois toute la salle, sans oublier les personnes assises dans le fond, sur les côtés et au premier rang (une fois que vous aurez établi le contact avec votre public, il se détendra et se concentrera plus facilement sur vos propos) ;
- maintenir le contact visuel avec une personne quelques secondes (qui pourront vous paraître longues) avant de passer à une autre ;
- repérer une personne à l'attitude amicale et établir un premier contact visuel avec elle ;
- choisir cinq personnes réparties dans toute la pièce. Regardez l'une de ces cinq personnes chaque fois que vous voulez établir un contact visuel. Les personnes autour des cinq personnes choisies auront l'impression que vous les regardez aussi ;
- établir un contact visuel le plus souvent possible (il vous faut donc ne pas être prisonnier de vos notes) et en profiter pour évaluer les réactions de l'assemblée ;
- éviter de balayer la pièce de gauche à droite sans fixer personne ;
- éviter de fuir du regard car cela donne l'impression d'un manque de conviction et d'une dissimulation.

Et vous ?

Songez-vous à bien regarder l'assistance quand vous parlez en public ?

.........................................................................................................

.........................................................................................................

.........................................................................................................

## ÊTRE À L'UNISSON GRÂCE AU STYLE VESTIMENTAIRE ET AU LOOK

Lors de votre intervention il faut veiller avec soin à votre look. C'est lui qui construit votre image. Votre tenue vestimentaire doit donc être en harmonie à la fois avec les circonstances de votre allocution et avec vous-même, votre personnalité, votre physique, votre âge. C'est important, car sinon, le message reçu par ceux qui vous écoutent sera celui de l'incohérence, du bluff et l'effet sera contraire au but recherché.

Pour les interventions dans le cadre professionnel quotidien, vous devez tenir compte des règles implicites de votre secteur dans votre habillement. Si vous choisissez une tenue vestimentaire un peu décontractée, vous créerez une atmosphère plus informelle, si vous choisissez une tenue plus recherchée, vous montrerez l'importance de l'enjeu. Choisissez, peut-être, une tenue un peu plus formelle que les autres jours.

Votre tenue vestimentaire doit être appropriée à l'importance de l'événement, à la qualité de votre auditoire et au style du rassemblement. Vous devez, par votre tenue vestimentaire, montrer à ceux qui vous écoutent que vous êtes l'un des leurs.

J'APPROFONDIS

Et vous ?

Savez-vous ce que l'on pense de votre look ?

.................................................................................................

.................................................................................................

Savez-vous quelle image vous dégagez ?

.................................................................................................

.................................................................................................

# 12

# Parler simple et juste



Le langage que vous utilisez dès les premiers moments de votre allocution va donner le ton. Il doit être le plus simple, le plus concis et le plus direct possible. Utilisez :

- des mots courts, justes, précis, positifs et sans ambiguïté pour être compris de tous ;
- des phrases courtes, d'environ douze mots, avec un sujet, un verbe, un complément, exprimées à la forme active.

Utilisez de préférence la langue commune (celle de la conversation courante, de la radio, de la télévision) car c'est elle qui permet de se faire le mieux comprendre. Vous pouvez aussi avoir recours à la langue soutenue ou spécialisée (celle des communiqués, des cours, des colloques). Bannissez le langage familier et boudez la langue oratoire (celle des réunions officielles et des « grands discours »).

Mais tout est question de contexte : quelques collègues que vous croisez tous les jours à la machine à café vous pardonneront quelques familiarités, voire quelques entorses à la grammaire s'ils en font eux-mêmes. Mais si vous parlez devant un auditoire nombreux ou devant des supérieurs hiérarchiques, votre maîtrise du langage soutenu doit être parfaite.

De très nombreux mots ou expressions doivent être évités. Nous en avons dressé une liste ci-dessous, qui reste bien sûr non exhaustive.

| Type de mot ou d'expression | Mots ou expressions | Pourquoi il faut les éviter |
| --- | --- | --- |
| Mots parasites | • Hein, bon, ben euh, voilà quoi, je veux dire, n'est-ce pas, par exemple.<br>• Comment dirais-je, comme chacun sait, vous voyez ce que je veux dire, c'est le cas de le dire, c'est vrai que, fondamentalement, clairement, tout à fait, effectivement, d'accord ?<br>• La vérité, c'est que… | S'ils reviennent trop souvent, vos auditeurs finissent par se concentrer sur le tic, l'attendent et n'écoutent plus le reste.<br>Certains auditeurs « joueurs » ou mal intentionnés peuvent même s'amuser à tenir les comptes de vos tics langagiers… cela pour mieux décrédibiliser votre intervention. |
| Mots de liaison (nécessaires mais dont il ne faut pas abuser) | S'agissant de, concernant, par le fait que, pour ce faire, dans le contexte, par ailleurs, pour autant. | S'il y en a trop, ils finissent par brouiller le message. |
| Pléonasmes | Je répète de nouveau, j'ajoute en plus, j'ai été contraint malgré moi, voire même, j'ai vu de mes yeux, un hasard imprévu, prévoir à l'avance. | Répétition inutile. |
| Superlatifs | Au maximum, au minimum, extrêmement, énormément. | Donne l'impression de vouloir convaincre non par la justesse mais par un effet d'inflation.<br>Cela peut aussi devenir un tic de langage. |
| Mots noirs | Problème, souci, inconvénient, difficulté, catastrophe. | Ils donnent une tonalité pessimiste et sapent la confiance. |
| Mots minimisants | Un petit rendez-vous, un petit exposé, vous expliquer un tout petit peu. | Ils participent à ce qu'on ne vous prenne pas au sérieux. |
| Expressions dubitatives | Peut-être, il me semble, éventuellement, je crois, je pense, essayer, tenter. | Ils laissent entendre que vous n'êtes pas sûr de vous.<br>Ils sont insécurisants car les gens aiment les certitudes. |
| Mots agressifs | Moi, je trouve que, moi, à votre place. | Ils suscitent, en retour, une agressivité chez ceux qui vous écoutent. |
| Les appels à la confiance | Croyez-moi, je vous assure que, faites-moi confiance, ne vous inquiétez pas, je vous rassure. | Ils présupposent qu'on pourrait ne pas faire confiance et que les arguments rationnels ne sont pas aussi bons qu'on pourrait le croire. |

Il est facile de prendre conscience de ses tics verbaux en s'enregistrant et en s'écoutant. Il vous suffit de laisser un très long message sur votre messagerie vocale et de vous écouter ensuite.

Il est aussi nécessaire de trouver le mot juste, c'est-à-dire adéquat, simple et précis. Les langages de spécialistes ont cet avantage : un seul mot en dit plus long que toute une périphrase, mais vous ne devez pas en abuser car ils donneront l'impression que vous utilisez du jargon à outrance.

Pour utiliser le mot juste, il suffit le plus souvent de remplacer des mots passe-partout par des mots plus précis. Voici quelques exemples :

| Mot passe-partout | Mot plus précis | Un truc simple |
| --- | --- | --- |
| Avoir | Posséder, obtenir, détenir, tenir, disposer, garder, renfermer, savoir, tromper, berner, abuser, etc. | Pour trouver le mot juste utilisez l'outil Word qui vous donne un dictionnaire de synonymes ou tout autre dictionnaire de synonymes. Puis rebondissez de synonyme en synonyme. Au bout de deux ou trois synonymes ainsi interrogés, vous aurez trouvé. |
| Faire | Créer, fabriquer, exécuter, produire, accomplir, perpétrer, effectuer, former, établir, réaliser, etc. | |
| Dire | Parler, exprimer, dialoguer, converser, deviser, discuter, discourir, articuler, murmurer, expliquer, énoncer, etc. | |
| Mettre | Poser, installer, placer, déposer, fixer, charger, revêtir, etc. | |
| Voir | Apercevoir, percevoir, discerner, distinguer, saisir, sentir, comprendre, remarquer, repérer, etc. | |
| Chose | Objet, astuce, moyen, disposition, méthode, procédé, système, pratique, etc. | |
| Question | Interrogation, demande, interrogatoire, épreuve, matière, point, sujet, controverse, etc. | |

Voici maintenant quelques exemples pour obtenir des mots courts, précis, concrets, actifs.

| Pour obtenir | Par exemple, au lieu de | Dites plutôt |
|---|---|---|
| Des mots courts, simples et usuels | • Excessivement<br>• Rapidement | • Trop<br>• Vite |
| Des mots précis | • Avant<br>• Bientôt<br>• Le matin | • Hier<br>• Dans deux jours<br>• À 10 h 30 |
| Des mots concrets | Communication | Exposé, article, entretien, interview, téléphone, dépêche, message, rapport, etc. |
| Des mots positifs et actifs | Chercher | Trouver |

# 13

# Argumenter pour convaincre



Pour réussir à convaincre votre public, il vous faut vous adresser à lui de manière spécifique, vous adapter à ses attentes et à ses intérêts. Vous pouvez ainsi avoir recours à divers types d'arguments :

- les arguments de cadrage (cadrer l'angle du sujet en fonction de l'assistance) ;
- les arguments par déduction (raisonnement logique) ;
- les arguments par analogie (l'exemple, la comparaison, la métaphore).

Pour être brillant, vous pouvez avoir recours à diverses figures de style :

- la métaphore (une comparaison, une image avec transfert de sens par substitution analogique) ;
- la litote (faire entendre le plus en disant le moins, atténuer par la négation de son contraire : il n'est pas laid pour dire qu'il est très beau) ;
- la répétition (volontaire) ;
- l'hyperbole (une exagération) ;
- l'euphémisme (expression atténuée d'une notion désagréable : ce n'est pas parfait, pour dire que c'est très mauvais) ;
- l'ironie (pour attaquer et se défendre).

Tout comme le bourgeois gentilhomme qui faisait de la prose sans le savoir, tout un chacun utilise naturellement et quotidiennement tous les ressorts de la persuasion.

L'art de la persuasion ou l'art de convaincre a été étudié depuis l'Antiquité et utilisé par tous les grands orateurs (voir la troisième partie, p. 99). Ses ressorts sont donc bien connus et classifiés. Nous vous présentons ci-dessous un tableau récapitulatif des types d'arguments qui peuvent vous être utiles en fonction des circonstances et de votre objectif.

Ce tableau vous permettra de voir quels ressorts vous avez le plus l'habitude d'utiliser. Il vous aidera à diversifier vos pratiques. Attention, si vous n'avez pas encore une grande habitude des présentations orales : le système scolaire met l'accent sur la logique et, lors de la préparation de votre intervention « sur le papier », c'est peut-être ce type d'arguments que vous avez privilégié. Il est donc temps, éventuellement, de revoir votre projet en utilisant aussi les autres ressorts de la persuasion.

Car, comme vous allez le voir, il y a bien des façons de faire passer votre message !

| Résultat attendu et style de persuasion | Type d'effet persuasif | Contenu | Portée |
|---|---|---|---|
| Convaincre en s'appuyant sur la compréhension avec la logique | Effet de démonstration | ● S'appuyer sur des syllogismes : voilà, or, donc.<br>● Avoir recours à des chaînes déductives : parce que, en conséquence, c'est pourquoi. | ● Aide à comprendre la logique de l'intervention.<br>● Rassure l'assistance. |
| | Effet de compétence | ● Donner des chiffres, statistiques, références, témoignages. | ● Assoit la compétence et la crédibilité de l'intervenant. |
| | Effet de résolution | ● Proposer une solution avec ses modalités de mise en œuvre. | ● Surprend.<br>● Bouscule les habitudes.<br>● Pousse à l'action. |

| Résultat attendu et style de persuasion | Type d'effet persuasif | Contenu | Portée |
|---|---|---|---|
| *(suite)* Convaincre en s'appuyant sur la compréhension avec la logique | Effet de méthode | ● Clarifier les objectifs. ● Structurer la réflexion. ● Hiérarchiser les problèmes. | ● Assure le confort de l'auditoire. ● Donne de la crédibilité à l'intervenant. |
| Convaincre en s'appuyant sur le système de valeur avec la tactique | Effet d'évidence | ● Mettre en avant une certitude non démontrée. ● S'appuyer sur le bon sens. | Assure la reconnaissance des valeurs de l'assistance. |
| | Effet de bonne foi | Affirmer son engagement. | Permet au public de ressentir la sincérité de l'orateur. |
| | Effet de principe | Imposer des règles et des usages. | Impose à l'assistance d'entrer dans le système de l'intervenant. |
| | Effet de porte-parole | Parler au nom de son groupe, de son entreprise, de ses valeurs. | Donne de l'autorité et de l'ascendance à l'intervenant. |
| Convaincre en s'appuyant sur la contrainte | Effet de doute | Anticiper les contre-arguments éventuels. | Déstabilise les arguments des opposants éventuels. |
| | Effet d'intimidation | Intimider par la méthode de l'alternative du pire. | ● Déstabilise les contradicteurs éventuels. ● Dans le cas d'un rapport de force déséquilibré, est ressenti comme un chantage. |
| | Effet d'implication | Impliquer en s'appuyant sur les propres réactions des auditeurs. | Incite à la prise de responsabilité et à l'action. |
| | Effet d'exemplarité | Proposer un modèle pour une action. | Montre ce qu'il faut faire et comment le faire. |
| Convaincre en s'appuyant sur l'émotivité | Effet de complicité | Instaurer un climat de connivence. | Incite à la compréhension, à l'ouverture. |
| | Effet d'insistance | Renforcer les messages. | Polarise l'attention, remet en mémoire. |

.../...



J'APPROFONDIS

| Résultat attendu et style de persuasion | Type d'effet persuasif | Contenu | Portée |
|---|---|---|---|
| *(suite)* Convaincre en s'appuyant sur l'émotivité | Effet de bonne volonté | Accepter des concessions, pour ne plus rien remettre en cause ensuite. | Incite à l'ouverture, à la concession. |
| | Effet d'émotion | Établir une contagion de l'émotion, établir une intimité, voire une communion, avec le public. | Crée les conditions favorables à l'acceptation d'idées totalement nouvelles ou qui choquent les opinions premières de l'auditoire. |

Et voici encore dix astuces, parmi d'autres, pour augmenter votre pouvoir de persuasion :

- utiliser le credo : je crois, je sens, j'ai la certitude, la conviction ;
- faire parler les faits : la conjoncture nous a obligés à prendre cette mesure ;
- rechercher un bouc émissaire : la crise, la concurrence, la mondialisation, les contraintes administratives ;
- invoquer les grandes valeurs : liberté, justice, prospérité ;
- ne faire qu'un avec son auditoire : nous, nous tous, nous ensemble ;
- utiliser des slogans : exemples innombrables dans l'actualité ;
- utiliser la contre-objection : on me reprochera de… ;
- établir un dialogue fictif avec un contradicteur éventuel : nous allons réfléchir ensemble… ;
- exprimer le définitif, l'absolu : désormais, il faut, il ne faut plus, ma profonde conviction, totalement ;
- apostropher l'auditoire : chers collègues, chers partenaires.

# 14

# Écouter pour répondre aux questions et débattre



> *Je ne me fais pas entendre si personne ne me répond.*
> Elsa Triolet

J'APPROFONDIS

Un bon intervenant est un intervenant qui sait écouter, être attentif à ce qui se passe autour de lui. C'est ainsi que, tout en parlant, il adapte ce qu'il dit aux réactions de ceux qui l'écoutent.

L'écoute est nécessaire pour tous les auditoires, mais notamment les plus restreints. C'est sans doute dans ces circonstances qu'il sera le plus souvent nécessaire d'amorcer un dialogue, une discussion, d'avancer vers une prise de décision commune.

Certes, il vous faut de l'écoute, mais de l'écoute active, celle de celui qui a une réelle volonté de connaître et de comprendre ce que veut dire son interlocuteur. Si vous faites preuve d'écoute active, l'assistance se sentira reconnue et se mettra en position d'avoir des réactions positives.

L'écoute active vous permettra :

- de montrer que vous tenez compte de vos auditeurs ;
- de repérer des éléments nouveaux et de les relier à tout ce que vous savez déjà ;
- de vous référer à ce qu'on vous a dit lorsque vous avancez de nouveaux arguments ;
- de trouver de nouvelles idées que vous pourrez prendre comme nouveau point de départ pour la réflexion.

L'attitude de l'écoute active se traduit concrètement par la relance et le questionnement, notamment pour réveiller l'intérêt ou relancer le débat.

Relance et questionnement peuvent se pratiquer à tout moment. Lorsqu'il y a débat, elles peuvent servir d'amorce à la discussion.

| Objectif de l'intervenant | Sens du questionnement ou de la relance | Type de question * | Exemple | Action |
|---|---|---|---|---|
| Informer | S'assurer que les éléments d'information ont été compris, retenus et qu'ils seront pris en compte à l'avenir. | Question ouverte | Qu'en pensez-vous ? | Permet d'approfondir un sujet et d'obtenir des éléments manquants pour la compréhension de la situation. |
| | Affiner les éléments d'information en fonction des intérêts particuliers de l'auditoire. | Question semi-ouverte | Qui ? Quoi ? Où ? Comment ? Avec quels résultats ? | Permet de confirmer certains points, de recueillir des précisions utiles. |
| Débattre | Susciter l'émergence d'arguments pouvant faire avancer le débat. | Tous types de questions | | |
| Convaincre | Susciter des points sur lesquels on pourra bâtir une argumentation. | Question à choix forcé | Voulez-vous que nous revenions plutôt sur tel ou tel point ? | • Implique un choix.<br>• Permet de proposer des solutions pour sortir du flou et du vague. |
| Décider | Susciter des questions apportant des éléments de solution. | Question à choix forcé | Êtes-vous d'accord sur ce point ? | Facilite la prise de décision. |
| | Poser des questions permettant de trancher. | Question fermée | | • Appelle une réponse par oui ou par non.<br>• Permet de confirmer que l'on a fait le tour du sujet et de conclure. |

* Les questions orientées qui suggèrent une solution sont un piège. Elles sont à éviter.

Au cours du questionnement, vous pouvez aussi utiliser des relances et des reformulations.

Les relances permettent d'obtenir des réponses plus complètes. Les plus simples à utiliser sont les relances passives :

- une simple attitude corporelle engageante ;
- un silence prolongé, avec un mouvement de la tête ;
- *hum-hum* ;
- *je vois* ;
- *je comprends* ;
- *pouvez-vous en dire un peu plus ?*
- *pouvez-vous préciser votre pensée ?*

Mais il existe aussi des relances actives :

- le résumé ;
- la reformulation, qui est un résumé, avec ses propres mots, comprenant aussi l'expression des sentiments que l'autre n'a pas explicitement exprimés mais qui « transpirent » dans la relation.

La reformulation permet de s'assurer que tout le monde a bien compris.

Ainsi, au cours de l'intervention, vous pouvez à chaque étape poser des questions et reformuler les réponses qui sont faites. Vous vous serez alors exprimé dans le langage de vos auditeurs et vous serez sûr d'être bien compris.

J'APPROFONDIS

Et vous ?

La relance et la reformulation vous sont-elles naturelles ?

.................................................................................................

.................................................................................................

.................................................................................................

> Testez votre capacité d'écoute
> et améliorez votre réactivité
> avec l'outil d'ABIS, page 167.

# 15

# Gérer les moments clés



## AU DÉBUT, IMPLIQUER L'AUDITOIRE

Il est essentiel de faire bonne impression dès le début et d'établir une connivence avec le public. Vous y parviendrez en vous montrant confiant et positif.

Pour impliquer votre auditoire :

- détendez l'atmosphère et, si possible, faites rire ;
- racontez une anecdote ;
- racontez un fait insolite ;
- faites une confidence en relation avec la situation ou le sujet ;
- apportez un témoignage ;
- faites une plaisanterie ;
- posez une question à laquelle tout le monde peut répondre. Après quelques minutes (le temps que l'attention du public ait atteint son point maximum), présentez vos points clés ;
- présentez votre introduction que vous aurez entièrement rédigée et apprise « par cœur ».

## EN COURS DE ROUTE, GÉRER LES INCIDENTS ET LES RÉACTIONS DE L'ASSISTANCE

Naturellement, l'assistance n'est jamais composée uniquement de sympathisants ; il y a aussi les indifférents et les personnes hostiles. Et il se peut que votre intervention déclenche de fortes réactions. Vous devez donc vous préparer à faire face à toutes les situations, des accès de colère au mutisme forcené.

Dites-vous toujours que les signes d'hostilité ne sont pas dirigés contre vous personnellement et apprenez à repérer les types de perturbateurs :

- ceux qui se montrent sarcastiques pour attirer l'attention ;
- ceux qui ne sont jamais d'accord avec ce que vous dites ;
- ceux qui ennuient avec des questions sans objet ;
- ceux qui, avec leurs questions, détournent l'attention sur un autre objet ;
- ceux qui vous contredisent.

Vis-à-vis de tous ces incidents possibles, voilà quelques façons de faire :

- si vous parlez assis, levez-vous pour mieux imposer votre autorité ;
- si quelqu'un vous contredit, n'argumentez pas ;
- proposez aux perturbateurs de parler à la fin de votre intervention, au moment des questions ;
- si des membres de l'assistance expriment entre eux leur désaccord au milieu de l'exposé, ils vous considéreront comme un médiateur. Désamorcez les discussions en disant que tout le monde pourra s'exprimer et reprenez le cours de votre intervention ;
- si le public est complètement passif, posez directement quelques questions très simples pour qu'il puisse réagir ;
- montrez que vous comprenez ce que ressent l'auditoire quand vous exposez vos arguments ;
- impliquez le public en posant régulièrement des questions.

Pour faire face à toutes les situations, anticipez les réactions du public, décryptez le langage du corps des membres de l'assistance :

- repérez les attitudes positives qui vous montrent que tout va bien :
  - les gens froncent les sourcils, ils croisent les doigts, ils ont les coudes sur les genoux, ils ont la main sur le menton, ils se penchent en avant : c'est qu'ils sont attentifs, concentrés, réfléchissent à ce que vous dites,
  - les gens sourient, acquiescent, se penchent en avant, vous regardent attentivement, ils ont les jambes parallèles, les jambes écartées (pour les hommes) : ils sont intéressés et adhèrent à ce que vous dites ;
- repérez les signes de difficultés :
  - ceux qui se penchent sur leur voisin pour vous critiquer,
  - ceux qui ont une expression impassible, les bras et les jambes croisées : ils ont une attitude de résistance vis-à-vis de ce que vous dites.

Quand vous sentez que l'assistance ralentit son attention ou que des problèmes vont surgir, autant agir tout de suite en montrant que votre intervention est bien une réponse à un ensemble de questions que votre auditoire se pose. Il sera ainsi de nouveau impliqué.

Vous pouvez, par exemple, interpeller l'auditoire avec des formules de ce style :

- *pourquoi devons-nous… ?*
- *quel problème nous pose… ?*
- *comment sortir de… ?*
- *qu'est-ce que nous devons… ?*

## RESPECTER LE TEMPS QUI VOUS EST IMPARTI

Le respect du timing est très important. Vérifiez l'écoulement du temps sur une pendule murale ou sur votre montre si vous l'avez enlevée et déposée devant vous. Évitez de regarder votre montre à votre poignet, ce qui manque de discrétion.

Donnez-vous des repères : la première partie en 10 minutes, la deuxième en 10 minutes, etc. Contrôlez à chaque fin de partie que vous restez bien dans les temps.

Il arrive souvent que votre temps d'intervention soit diminué, surtout si dans un colloque votre intervention est programmée à la fin : il arrive souvent que les orateurs dépassent leur propre temps de parole et mordent sur le vôtre. Cela est frustrant mais il faut néanmoins s'adapter.

Il est donc judicieux d'avoir prévu sur quels points vous allez pouvoir aller très vite ou quels points vous allez tout simplement pouvoir supprimer.

Pour bien gérer le temps tout au long de l'intervention, repérez tout d'abord les obstacles à cette bonne gestion :

- se précipiter, parler trop vite ;
- sous-évaluer la durée de chaque phase de l'intervention ;
- se laisser entraîner à des digressions ;
- développer trop largement les points qui vous tiennent à cœur ;
- se laisser entraîner par un désir de perfection : vouloir en dire trop, sur trop de détails, ou trop vouloir tenir compte des réactions des uns ou des autres ;
- se laisser interrompre par des perturbateurs ;
- avoir à gérer des questions de matériel au moment de l'intervention.

Il n'est peut-être pas inutile de rappeler ici quelques lois du temps, qui s'appliquent aussi au temps des présentations :

- loi de Fraisse : *plus l'intérêt est grand, plus le temps passe vite.* Cette loi est un piège pour l'intervenant : si son sujet le passionne, il ne verra pas le temps passer. Il pourra s'appesantir sur des questions secondaires et ne respectera pas son temps de parole. Si votre auditoire est intéressé, cette loi travaillera pour vous, mais s'il s'ennuie, cette loi travaillera contre vous ;

- loi de Murphy : *chaque chose prend toujours plus de temps qu'on ne le prévoyait au départ.* Vous devez y penser dès avant votre exposé, quand vous faites le découpage général des différentes séquences. N'ayez pas peur de compter large. Au moment de la préparation, il faut aussi prévoir les points sur lesquels vous pourrez passer si vous dépassez le temps alloué ;
- loi de Parkinson : *la réalisation d'une tâche a tendance à occuper la totalité du temps qui lui a été imparti.* Cette loi est l'inverse de la précédente. Il faut donc savoir compter large, mais aussi savoir se mettre des bornes horaires qu'on ne dépassera pas ;
- loi de Carlson : *tout travail interrompu prend plus de temps que s'il était effectué de manière continue.* Toute interruption due par exemple à des perturbateurs prendra beaucoup de temps car il faudra ensuite répéter ce que vous aviez déjà dit pour reprendre le fil de vos idées ;
- loi de Taylor : *l'ordre dans lequel est effectuée une série de tâches influe directement sur le temps d'exécution.* Là aussi, il faut y penser au moment de l'élaboration de votre plan : il y a parfois des logiques qui vont plus directement au but que d'autres.

Si vous avez oublié quelque chose, tant pis. Il vaut mieux ne pas en parler que de l'ajouter n'importe où, ou à la fin de l'exposé alors que ce n'est pas un élément vraiment essentiel.

J'APPROFONDIS

Et vous ?

Gérez-vous correctement votre temps dans votre vie professionnelle ?

.................................................................................................

.................................................................................................

Que faudrait-il faire pour vous améliorer ?

.................................................................................................

.................................................................................................

## RENFORCER LES POINTS ESSENTIELS

- Reprendre les points du développement, les dégager et leur donner plus de poids en soulignant leur importance.
- Faire intervenir un nouvel élément volontairement gardé en réserve et qui vient renforcer le message. Bien choisi, cet argument surprend et fixe l'attention en validant le raisonnement qui précède. Cette étape donne ainsi plus de profondeur.
- Utiliser des termes comme : *de plus, j'ajoute, par ailleurs, c'est pourquoi, pour l'essentiel.*
- Nuancer le propos.

Quand on renforce le message, on lui donne aussi un aspect trop catégorique. C'est pourquoi il faut parfois :

- relativiser ;
- exprimer des conditions et des limites ;
- faire apparaître les objections, les inconvénients, les craintes, les obstacles pour couper l'herbe sous le pied des détracteurs.

Tout cela permet de donner plus de crédibilité au message.

## TERMINER EN BEAUTÉ

Il est primordial que votre intervention se termine de manière percutante car c'est sur cette dernière impression que vous prendrez congé de l'auditoire s'il n'est pas prévu de répondre aux questions. Et c'est cette dernière impression qui s'inscrira dans l'esprit de chacun.

Quand votre conclusion approche, donnez-en des signes avant-coureurs pour que chacun sache qu'un moment important s'annonce et ait le temps de se reconcentrer.

N'oubliez pas de répéter les points essentiels pour bien les fixer en mémoire. Il faut avoir préparé votre conclusion avec autant de soin que votre introduction. Elle doit être entièrement rédigée, apprise par cœur et répétée : vous aurez ainsi pu travailler les pauses, les intonations, vous aurez pu soigner le style et la syntaxe.

Vous aurez ainsi mis toutes les chances de votre côté pour qu'elle frappe les esprits.

Ne vous précipitez surtout pas, comme si vous aviez envie de partir. Ralentissez au contraire votre débit pour montrer l'importance du moment.

Regardez votre public, et présentez votre conclusion avec conviction en utilisant tous les ressorts de votre intonation, de votre gestuelle et de votre regard.

Si des questions sont prévues (ce qui arrive dans la plupart des cas), vous pouvez faire la transition avec une phrase comme : « Pour résumer brièvement avant de répondre aux questions... ».

À la fin de la conclusion, vous passez la parole à l'auditoire.

## RÉPONDRE AUX QUESTIONS

La phase des questions et réponses est aussi importante que l'exposé lui-même. C'est pourquoi vous devez avoir anticipé toutes les questions dans la phase de préparation en notant toutes celles que peut susciter chacun de vos points. Vous devrez éventuellement chercher s'il le faut de nouvelles informations pour préparer vos réponses.

Au moment où vous sollicitez les questions, annoncez les règles que vous allez suivre pour répondre aux questions et animer le débat :

- soit répondre au coup par coup ;
- soit interroger plusieurs personnes et faire une réponse globale.

Quelle que soit la façon de procéder :

- restez calme ;
- écoutez attentivement ce que dit votre interlocuteur ;

- reformulez ce qu'il a dit et éventuellement posez-lui vous-même des questions pour qu'il précise ou clarifie son propos ;
- réfléchissez avant de répondre, prenez votre temps, car la nervosité peut vous pousser à répondre trop vite ;
- répondez haut et fort, de manière précise et concise ;
- illustrez vos arguments par des exemples concrets, des faits précis et des études statistiques ;
- concluez votre réponse en résumant tout en restant ouvert aux objections ;
- dites souvent que ce sont de bonnes questions (sans trop abuser car le procédé est bien connu) ;
- ne laissez pas plusieurs personnes poser leurs questions en même temps ;
- si c'est nécessaire, réfutez les arguments mais ne vous laissez pas entraîner à argumenter avec une seule personne de l'assistance, même si ce qu'elle dit est complètement faux ;
- si la question est agressive, renvoyez-la au questionneur ou à l'assistance par la technique de la reformulation. Évitez toute condescendance ;
- traitez toutes les questions avec autant de courtoisie ;
- faites des réponses courtes.

Parfois les questions peuvent nécessiter de développer un point particulier et de faire un mini-exposé improvisé. Si vous connaissez bien le sujet, vous n'aurez aucun mal.

Si vous ne pouvez vraiment pas répondre, ou si vous vous trouvez devant une question piège très éloignée du sujet (posée généralement par quelqu'un qui veut se faire remarquer), dites :

- *Je n'avais pas l'intention de traiter cet aspect aujourd'hui. C'est une vaste question que nous n'avons pas le temps de débattre aujourd'hui.*
- *Je ne suis pas en mesure de répondre maintenant, mais si vous le souhaitez, je me renseignerai. Si vous me laissez vos coordonnées, je vous répondrai rapidement.*

- *Cette question demande plus ample réflexion. Nous pourrons y revenir ultérieurement. Y a-t-il d'autres questions ?*
- *Je ne suis pas sûr de pouvoir répondre à cette question. Je suggère que nous en discutions à la fin de la réunion.*
- *Il est impossible de répondre par oui ou non à cette question. Je peux vous dire qu'en ce qui me concerne, je pense que…*

Vous pouvez aussi :

- poser la question au public lui-même. Quelqu'un aura peut-être une réponse ;
- questionner votre interlocuteur jusqu'à ce qu'il trouve lui-même une réponse.

Si c'est le silence total, que personne ne vous pose de questions :

- annoncez une pause. Après la pause, le débat reprendra plus facilement, chacun ayant eu le temps de réfléchir et d'échanger ;
- lancez des perches, des pistes pour des questions ;
- si rien ne vient, concluez la séance et prenez congé.

Les questions peuvent provenir de personnalités difficiles :

- un imprécis tournera autour du pot sans arriver à formuler sa question ;
- un humoriste ou un séducteur essaiera d'accaparer l'attention ;
- un agressif essaiera de vous déstabiliser ;
- un nerveux ne formulera pas clairement sa question ;
- un bavard ne saura pas s'arrêter.

Si un auditeur accapare la parole :

- reformulez l'intervention et passez à autre chose ;
- donnez la parole à quelqu'un d'autre qui la demande ;
- expliquez qu'il est bon pour le débat que plusieurs personnes s'expriment ;
- rappelez qu'il ne s'agit pas d'exposer son point de vue mais de poser une question.



J'APPROFONDIS

Si les questions fusent de toutes parts, réjouissez-vous, c'est que l'assistance a été captivée. Pour éviter que tout le monde parle en même temps :

- notez les questions sur un tableau ou une feuille de papier, triez-les par thèmes et répondez-y par thèmes ;
- demandez aux auditeurs de noter leurs questions sur un papier, éventuellement en limitant à une question par personne ;
- ramassez les papiers ;
- classez les questions par thèmes ;
- faites plusieurs réponses globales et répondez brièvement.

À la fin des questions et à la fin du temps qui vous est imparti, concluez, remerciez et prenez congé.

> Diagnostiquez votre attitude
> vis-à-vis des questions et apprenez
> à y répondre avec aisance
> avec l'outil d'ABIS, page 173.

# PARTIE III

## J'ÉLARGIS

### JE PRENDS DU RECUL
### ET COMPRENDS LES ORIGINES
### DES « MEILLEURES PRATIQUES »

# 16

# S'appuyer sur l'univers « traditionnel » de la parole

*Sera éloquent celui qui [...] parlera de manière à prouver,*
*à charmer, à fléchir. Prouver est la part de la nécessité ;*
*charmer, de l'agrément ; fléchir, de la victoire.*
Cicéron

## CHUT ! NE DITES PAS À MES CLIENTS QUE JE FAIS DE LA RHÉTORIQUE

Depuis l'Antiquité, on étudie l'art de bien parler sous le nom de « rhétorique », un mot « savant » ressenti aujourd'hui comme jargonnant et prétentieux. Il n'empêche, toutes les recommandations pour s'exprimer le mieux possible en public, pour persuader et convaincre s'appuient d'abord sur les règles qui ont été mises en lumière par la rhétorique.

Car la rhétorique est à la fois une science qui étudie les mécanismes du discours et un art, autrement dit une pratique.

La rhétorique en tant que discipline naquit en Grèce antique lorsque deux tyrans siciliens, Gélon et Hiéron exproprièrent et déportèrent les populations de l'île de Syracuse pour installer leurs mercenaires à leur place. Les natifs de Syracuse se soulevèrent et firent d'innombrables procès de propriété. Ces procès mobilisèrent de grands jurys devant lesquels il fallait être éloquent. Cette éloquence devint rapidement l'objet d'un enseignement dispensé par Empédocle d'Agrigente et Tisias.

Puis des professeurs itinérants, connus sous le nom de sophistes, définirent les parties du discours, analysèrent la poésie, distinguèrent les synonymes, inventèrent les stratégies d'argumentation. Leur objectif était de comprendre quels types de discours et quels modes d'expression étaient les plus à même de convaincre leur auditoire, dans le but d'accéder aux plus hautes places dans la cité.

Puis les genres, les éléments et les buts rhétoriques furent définis, notamment par Aristote, Quintilien et Cicéron.

### Les trois genres rhétoriques selon Aristote (ou les domaines de l'éloquence)

Aristote (– 384 av. J.-C./– 322 av. J.-C.) distingue trois types d'auditeurs et trois genres rhétoriques :

- *le genre délibératif* s'adresse au *politique* et son objectif est *de pousser à la décision et à l'action. Il vise le bien.* Il s'exprime au futur puisqu'on vise les enjeux et conséquences futures de la décision objet du débat ;
- *le genre judiciaire* s'adresse au *juge* et son objectif est *d'accuser et/ ou de défendre. Il vise le juste* et s'exprime au passé puisque c'est sur des faits accomplis que porte l'accusation ou la défense. Ce sont les plaidoyers devant les tribunaux ;
- *le genre démonstratif* fait l'éloge ou le blâme d'une personne. Il vise *le beau* – on dirait aujourd'hui *la valeur* – et s'exprime au présent, passé et futur (il est question des actes passés, présents et des souhaits futurs d'une personne).

### Les cinq éléments de la rhétorique selon Quintilien

Quintilien met en lumière les cinq éléments de la rhétorique :

- *inventio* (art de trouver) : l'invention est tout ce qui concerne la recherche des idées et leur développement en fonction du sujet à traiter et des destinataires à convaincre. Recherche la plus exhaustive possible de tous les moyens de persuasion relatifs au thème de son discours. Ces moyens sont les suivants : les sujets, les preuves, les arguments, les lieux, les techniques de persuasion, les techniques d'amplification ;

- *dispositio* : la disposition concerne la construction du discours, ses différentes parties, ses transitions, etc. Chaque discours retrouve la même structure classique :
  - exorde ou introduction (*captatio benenvolentiae*), captation de la bienveillance de l'auditoire,
  - narration et proposition (*narratio*), exposé des faits et exposé des motifs,
  - probation (*probatio*), ensemble des preuves que l'on expose,
  - réfutation (*refutatio*),
  - péroraison (ou conclusion) ;
- *elocutio* : l'élocution concerne les procédés touchant au style, aux sons, aux rythmes, etc. ;
- *actio* : l'action. Se sont les moyens à mettre en œuvre pour dire et jouer le texte qu'on prononce, comme le ferait un acteur ;
- *memoria* : la mémoire, ce sont les moyens, y compris mnémotechniques, de retenir un texte préalablement composé, ou d'improviser à partir d'un « stock » de formes prédéfinies.

C'est aussi Quintilien qui a recommandé de se poser les questions : Qui ? Quoi ? Où ? Comment ? Pourquoi ? Avec quel résultat ?

## Les trois buts de l'orateur selon Cicéron

Cicéron, quant à lui, distingue trois buts pour l'orateur :

- *docere* : l'orateur instruit les juges, il les informe des éléments du dossier et argumente ;
- *delectare* : l'orateur cherche à se concilier la bienveillance de l'auditoire, à lui plaire, à le charmer ;
- *movere* : l'orateur cherche à émouvoir l'auditoire, à le ravir.

## Une discipline très vivante

Puis la rhétorique a traversé les âges, du Moyen Âge où elle était utilisée par les clercs pour leurs sermons et leurs prêches, à la Renaissance où elle fut remise à l'honneur par Érasme, aux XVIIIe et XIXe siècles avec la rhétorique française de César Chesneau Dumarsais et Pierre Fontanier.

La seconde moitié du XXe siècle voit un regain spectaculaire de la rhétorique, qui n'entend plus fournir des techniques, mais dégager des règles générales de production des messages.

Dans cette nouvelle rhétorique, on distingue trois mouvements : la rhétorique perelmanienne, la rhétorique des figures (Roman Jakobson) et l'école française de rhétorique (issue des travaux de Marc Fumaroli).

Chaïm Perelman, puis Michel Meyer étudient les mécanismes du discours social général et son efficacité pratique, notamment dans la propagande politique ou commerciale et la controverse juridique ou philosophique.

La poétique contemporaine, issue du structuralisme et de la sémiotique, renouvelle l'approche rhétorique. Roman Jakobson donne une nouvelle jeunesse au couple métaphore-métonymie et Roland Barthes note que la rhétorique mérite d'être repensée en termes structuraux.

Sous l'impulsion de Marc Fumaroli se développe une école française de la rhétorique. Elle critique à la fois le formalisme des théories de l'argumentation et l'absence des données historiques du structuralisme sémiotique. Elle fonde la rhétorique dans le fait culturel.

## Ces figures de style qu'on utilise sans le savoir

Les figures de style sont les éléments les plus analysés et les plus discutés de la rhétorique. Ce sont aussi les plus attractifs et les plus ludiques.

Vous les utilisez constamment dans la vie courante et encore plus dans vos présentations. Elles sont alors du meilleur effet. Rappelons ici les plus connues, en donnant parfois des exemples célèbres pris dans la littérature.

| Figure de style | Qui consiste à | Exemple |
| --- | --- | --- |
| Anacoluthe | Rompre la construction normale de la phrase. | « Le nez de Cléopâtre, s'il eût été plus court, toute la face de la terre en aurait été changée. » (Pascal) |
| Antiphrase | Employer un mot, une phrase dans un sens contraire à sa signification réelle. | Vos résultats commerciaux sont exceptionnels cette année (pour : vos résultats sont déplorables). |
| Antithèse | Rapprocher deux pensées, deux expressions, deux mots opposés pour mieux faire ressortir un contraste. | « Un ver de terre amoureux d'une étoile. » (Victor Hugo) |
| Antonomase | Remplacer un nom commun par un nom propre ou par une périphrase. | ● Un Néron (pour un tyran). ● Un Harpagon (pour un avare). |
| Chiasme | Disposer en sens inverse deux termes identiques dans deux segments de phrase. | « Il faut manger pour vivre et non pas vivre pour manger. » (Molière) |
| Comparaison | Mettre en relation deux termes par un élément comparatif (comme, tel, semblable à…). | ● « Ils parlent de la mort comme tu parles d'un fruit, ils regardent la mer comme tu regardes un puits. » (Jacques Brel) |
| Ellipse | Omettre un ou plusieurs mots que l'auditeur rétablit de façon spontanée. Par extension, art du raccourci, du sous-entendu. | ● Chacun son tour (pour : chacun doit passer, ou agir, à son tour). ● Bleu est le ciel, verte la mer (pour : verte est la mer). ● Froid ? moi ? jamais ! (Moi ! je n'ai jamais froid !) |
| Euphémisme | Remplacer une idée désagréable par une forme atténuée, adoucie. | Il nous a quittés (pour il est mort). |
| Gradation | Employer des expressions allant par progression croissante ou décroissante. | Grand, très grand, infiniment grand. |
| Hyperbole | Mettre en relief une idée au moyen d'une expression exagérée, de mots excessifs. | ● Je meurs de faim. ● J'ai trois tonnes de boulot. |

…/…



J'ÉLARGIS

| Figure de style | Qui consiste à | Exemple |
|---|---|---|
| Inversion | Inverser, permuter l'ordre des mots par rapport à leur ordre normal. | ● Bleu est le ciel (pour : le ciel est bleu).<br>● À sa table accoudé, du vin il se versait (double inversion). |
| Ironie | Affirmer le contraire de ce que l'on veut faire comprendre. | ● C'est malin (pour : c'est idiot !).<br>● Surtout, ne te presse pas ! (pour : dépêche-toi !). |
| Litote | En dire le moins pour faire comprendre le plus. | ● « Va, je ne te hais point. » (Chimène à Rodrigue dans *Le Cid,* Corneille) |
| Métaphore | Donner un sens à un mot par analogie implicite. | Le printemps de la vie (pour la jeunesse). |
| Métonymie | Dénommer un concept par le moyen d'un terme désignant un autre concept, lequel entretient avec le premier une relation d'équivalence ou de contiguïté (la cause pour l'effet, la partie pour le tout, le contenant pour le contenu). | La salle applaudit (pour : les spectateurs applaudissent). |
| Oxymore ou oxymoron | Réunir deux mots de sens contraire. | ● « Cette obscure clarté. » (Corneille)<br>● « Un silence assourdissant. » (Camus)<br>● « La clarté sombre des réverbères. » (Baudelaire)<br>● « Elle se hâte avec lenteur. » (La Fontaine)<br>● « Les fous normaux. » (Desproges) |
| Périphrase | Dire en plusieurs mots ce qu'on pourrait dire en un seul. | L'astre du jour (pour le soleil). |
| Synecdoque | Prendre la partie pour le tout, la matière pour l'objet, le contenant pour le contenu. | ● Avoir un toit (pour une maison).<br>● « Les voiles au loin descendant de Harfleur » (les voiles pour les bateaux à voile. *Victor Hugo).*<br>● Berne a protesté (pour la Suisse). |

## CHUT ! NE DITES PAS À MES COLLÈGUES QUE JE LIS DES DISCOURS CÉLÈBRES

Avant d'être « démocratisé » et utilisé par tous, tous les jours, dans tous les domaines, l'art de bien parler en public, de persuader et convaincre a d'abord été utilisé par des spécialistes de l'éloquence :

- les hommes politiques ;
- les avocats ;
- les hommes de religion ;
- les conteurs.

Certains éléments de l'éloquence dans ces discours ont beaucoup vieilli, sont désuets, surannés. D'autres constituent notre culture commune. D'autres encore pourraient être conçus aujourd'hui tant ils restent d'actualité.

Certains de ces discours sont « fondateurs » : ils ont marqué le début de nouvelles idées, de nouvelles pratiques. Sans l'éloquence de l'orateur, l'idée serait peut-être restée lettre morte.

Vous pouvez ainsi vous imprégner de quatre de ces discours qui ont marqué le monde dans la deuxième partie du XX$^e$ siècle. Ils ont en commun d'utiliser un effet de répétition de mots ou de tournures de phrases. L'effet est saisissant, envoûtant.

Trois de ces discours sont cités par Kevin Labiausse dans *Les Grands Discours de l'histoire* (Paris, Librio, 2007) :

- *« In bin ein Berliner », discours de Berlin-Ouest, 26 juin 1963, John F. Kennedy* (traduit par Kewin Labiausse) : John F. Kennedy, président des États-Unis, décide en juin 1963 de se rendre à Berlin-Ouest, qui était alors entourée de l'Allemagne de l'Est. Ce discours fait maintenant partie de notre patrimoine historique.

- *« I have a dream », discours de la marche de Washington, 28 août 1963, Martin Luther King* (traduit par Benjamin Kuntzer) : Martin Luther King, pasteur baptiste, né en 1929, assassiné en 1968, Prix Nobel de la paix en 1964, lutte contre la ségrégation entre Blancs et Noirs et adopte la politique de la non-violence dans ses combats.

Le 28 août 1963 a lieu une marche sur Washington organisée par les associations noires pour l'accession aux droits civiques. Martin Luther King y prononce son célèbre « *I have a dream* ».

- *Discours d'investiture, 10 mai 1994, Nelson Mandela* (traduit par Kevin Labiausse) : avocat engagé dans la lutte contre l'Apartheid, Nelson Mandela, condamné à la détention à perpétuité en 1964, est libéré en 1990. Il obtient le prix Nobel de la paix en 1993 puis devient président de la République d'Afrique du Sud. Il prononce son discours d'investiture devant de très nombreuses personnalités politiques du monde entier.

- Plus proche de nous, le quatrième est le *discours de la convention démocrate de Boston, le 27 juillet 2004, de Barack Hussein Obama* : issu d'un mariage mixte afro-américain, celui-ci entre en politique en 1996 après avoir effectué une carrière de travailleur social puis d'avocat. Il est alors élu au Sénat de l'Illinois où il effectue trois mandats, de 1997 à 2004. Avant de devenir sénateur des États-Unis, il prononce un discours le 27 juillet 2004 lors de la convention démocrate de Boston qui désigne John Kerry comme candidat à la présidence. Il y expose sa vision de la nation, son rêve, celui d'une nation ni noire, ni blanche, ni rouge conservateur, ni bleu progressiste, mais qui serait les États… Unis d'Amérique.

# 17

# Tirer profit de toutes les ressources de la communication par l'image



Les ressorts du « bien parler » sont aujourd'hui connus et souvent correctement appliqués. Mais cela ne suffit pas.

Si dans vos interventions professionnelles vous n'utilisiez que la voix, le maniement du corps, la gestuelle, les figures de style, vous donneriez l'impression de ne pas être tout à fait professionnel ou de vouloir « singer » les politiques, les avocats ou les hommes de religion, ou encore les journalistes, les animateurs, souvent perçus comme de « beaux parleurs ».

## DITES À MON FILS QUE J'AI ASSIMILÉ LA CIVILISATION DE L'IMAGE

Pour aborder sérieusement le concret, rien ne vaut le recours aux documents visuels, aux schémas, aux graphiques, aux images, statiques ou animées.

### Une culture de l'image en expansion constante

Pensez aux images séculaires (fresques, tableaux, vitraux, etc.), aux formes actuelles de l'image (affiches, innombrables illustrations dans les livres, les revues et les journaux, bandes dessinées, panneaux de signalisation et de signalétique, logos, photos, vidéos, films, télévision), jusqu'à leurs formes les plus récentes (images numériques, images virtuelles et images interactives). Vous constaterez que nous sommes sans cesse baignés dans un monde d'images, une civilisation de l'image en progression constante.

L'image est apparue bien avant l'écrit (pensez aux grottes de Lascaux). C'est un ensemble de signes visuels agencés de manière à produire du sens. Ce sens apparaît grâce aux métaphores que l'image emploie et aux associations d'idées qu'elle provoque : chacun y projette sa propre subjectivité et son imaginaire, beaucoup plus que sur un texte ou un discours.

Chacun a acquis une culture de l'image et sait consulter des cartes, lire un croquis, étudier des schémas, se distancier des affiches et photos publicitaires et des images très codées de l'univers du luxe.

Mais le rapport que les Français entretiennent avec cette société de l'image est un peu ambigu. D'une part ils vénèrent le texte qui, dépendant du « cerveau gauche », garantirait une rationalité maîtrisée. Certes, ils respectent les textes mais les textes les ennuient souvent. Mais d'autre part, ils adorent les visuels, ils sont fascinés par eux. Ils boudent les publications peu illustrées et se précipitent sur celles qui utilisent tous les ressorts de la communication par l'image, en faisant appel au « cerveau droit ».

L'image est aussi porteuse de mythologie (qui n'est pas forcément antique). De nombreuses mythologies contemporaines suscitent des croyances collectives et accélèrent la transmission et la compréhension des messages visuels. C'est pourquoi les *people* sont si souvent appelés à la rescousse dans tous types de messages, notamment publicitaires.

Ainsi l'image a-t-elle parfois une force supérieure à celle de l'écrit ou de l'oral. Cette force lui vient de ce que les spécialistes appellent sa polysémie : elle a plusieurs sens à la fois car elle peut être interprétée de différentes manières selon les contextes culturels, sociologiques et psychologiques.

Une difficulté particulière s'y attache : les risques d'incompréhension, de mauvaise interprétation ou d'égarement sont amplifiés par rapport aux mêmes risques à l'oral ou à l'écrit. Ils sont à la mesure de sa puissance d'évocation.

## Les bons réflexes

Dans les interventions professionnelles, il faut donc à la fois :

- avoir le réflexe d'illustrer le plus grand nombre possible de vos idées et d'incorporer à votre message des images communicantes ;
- éviter la redondance entre la parole, le texte des documents et les illustrations pour au contraire assurer leur complémentarité ;
- choisir des images pertinentes ;
- appliquer de façon très rigoureuse le principe de subsidiarité pour le choix du type d'illustration à utiliser : prendre toujours le moyen le plus simple et ne passer au moyen plus complexe que si le moyen précédent est incapable d'apporter l'information recherchée. La hiérarchie à respecter est la suivante :
  - tableaux, schémas et graphiques ;
  - dessins ;
  - photos fixes ;
  - diaporamas de photos ;
  - vidéo ;
  - films.

Ainsi, en application du principe de subsidiarité, il faudrait utiliser le dessin pour ce qu'un graphique ne peut montrer, la photo pour ce qu'un dessin ne peut montrer, la vidéo ou le film pour ce que la photo ne peut montrer.

Il faudrait aussi éviter de filmer ce qui peut être photographié parce qu'une vidéo statique, en le rendant ennuyeux, affaiblit le message.

Dans la plupart des interventions professionnelles le recours aux tableaux, schémas et graphiques, dessins, photos fixes ou diaporamas est amplement suffisant. Les divers logiciels sur le marché permettent de les réaliser soi-même ou de les faire réaliser sans grande difficulté.

Pour les interventions dans les congrès, où les visuels utilisés doivent être plus travaillés, le recours à des spécialistes sera sans doute nécessaire, encore plus dans le cas d'utilisation de vidéos ou de films.

## DITES À MA FILLE QUE JE SAIS COMMENT EN TIRER PROFIT

Pour qu'une prestation soit totalement réussie, il faudra donc, dans le contexte actuel, avoir recours à des « images ». Vous pourrez les utiliser comme un temps de respiration pour reprendre haleine dans des développements ardus, didactiques et explicatifs. Elles vous permettront aussi de marquer les esprits et de faciliter la mémorisation.

### L'image valorise la communication

Les spécialistes ont l'habitude de dire que la communication par l'image comporte quatre *registres* :

- *le registre directif*, celui des images strictes, fondées sur des codes couleur simples et des symboles rudimentaires (par exemple : la signalétique de la sécurité) ;
- *le registre incitatif*, celui des images qui font appel à la persuasion, la séduction, la passion, l'humour pour obtenir une adhésion ;
- *le registre indicatif*, constitué en grande partie par la présentation de données chiffrées et de statistiques sous forme de schémas et graphiques. L'image est ici soumise aux données chiffrées. Elle est là pour en faciliter l'assimilation grâce à une présentation conventionnelle (couleurs et formes – graphiques, barres, histogrammes, courbes, aires). L'image est là pour dire

simplement ce qu'il en est. Elle contient des éléments qui doivent aider à prendre la meilleure décision possible ;

- *le registre interactif*, fortement employé par les images numériques, le courrier électronique et le Web. Utilisé en entreprise dans le travail collaboratif, il constitue un très intéressant gisement de productivité.

Dans le cadre de vos interventions, vous utiliserez principalement les registres *incitatif* et *indicatif*. Quel que soit son registre, l'image sera très intéressante.

Elle nous donne d'abord des *sensations* :

- selon que l'image est grande ou petite, elle nous donne une sensation d'écrasement ou de grandeur, d'intimité ou de secret ;
- selon que nous la percevons éloignée ou proche de nous, l'image nous donne la sensation de l'éloignement, du détachement ou, au contraire, de l'intimité, de la confidence, mais aussi de la gêne ou de la nuisance ;
- une forte luminosité nous donne l'impression de la confiance, de l'attirance ; une faible luminosité nous incite à l'inquiétude, voire à l'angoisse ;
- selon que sa composition est large et aérée ou resserrée et fractionnée, l'image nous donne l'impression d'une aspiration, d'un étouffement ou d'un grouillement ;
- sa dynamique, avec des lignes de force verticales et horizontales ou au contraire obliques, nous donne la sensation de la stabilité, voire de la rigidité ou de l'instabilité, envol ou essor mais aussi chute et déclin ;
- son degré de coloration nous donne l'appétence et la fascination, mais aussi la fatigue visuelle et la méfiance ;
- sa texture nous donne la sensation du réalisme ou de l'idéalisation.

Elle nous donne des *émotions* :

- la surprise (de l'étonnement à la stupéfaction, de la perplexité à l'admiration) ;

- la joie (de la satisfaction à la jubilation et l'allégresse) ;
- la peur (de la crainte à la terreur avec des sentiments associés de prudence ou de soumission) ;
- le dégoût (de la répugnance à la répulsion avec des sentiments associés de honte et de refus) ;
- la tristesse (de la mélancolie au désespoir avec des sentiments associés de regret ou de compassion) ;
- la colère (qui commence par l'insatisfaction et se termine par la rage ou la fureur et peut déboucher sur la haine).

Elle nous donne des *informations* :

- explicites ou manifestes (les personnages, le décor, les objets, le paysage) avec des détails significatifs ;
- implicites ou conventionnelles qui nous renseignent sur le degré de vraisemblance de la représentation (l'utilisation d'une photographie suggère une intention de réalisme, même si l'on sait que la photo peut être truquée) ;
- codées, notamment dans les images publicitaires.

Elle provoque en nous des *résonances*. Chaque image perçue entre en relation avec d'autres éléments (pas forcément des images) stockés dans notre imaginaire. Nous avons ainsi :

- des résonances interpersonnelles : les personnes avec qui nous avons un vécu commun (famille, collègues, partenaires professionnels, membres d'un même métier) ;
- des résonances culturelles avec de larges populations (même pays, même âge) qui partagent des valeurs assez fortes pour être représentées par des symboles (héros nationaux, figures historiques, sportifs, tendances sociétales) ;
- des résonances universelles où les mêmes images provoquent partout les mêmes associations mentales.

*La couleur*, quant à elle :

- assure la meilleure *visibilité* possible et facilite ainsi la reconnaissance et l'identification des objets représentés. L'ordre de visibilité des couleurs est le suivant : jaune, orange, rouge, vert, bleu, violet. La meilleure visibilité est obtenue par le jeu des contrastes ;

- déclenche des *émotions*, des sensations et installe des états mentaux, des climats propices à l'émergence de sentiments et d'idées :

    - le rouge est associé à la passion, à l'excitation,

    - le jaune est associé à la gaieté, à l'enjouement,

    - le vert est associé à l'apaisement, la tranquillité,

    - le bleu est associé au repos, à la réflexion,

    - le violet est associé à la sophistication, au romantisme,

    - le brun est associé à l'authenticité, à la mélancolie.

Chaque image a un *style*. L'effet obtenu par chaque style est plus ou moins approprié à un type d'objectif. Parmi les huit styles distingués par les spécialistes (expressif, allusif, précieux, dépouillé, synthétique, analytique, réaliste, fantasmatique), les images à utiliser dans des interventions professionnelles doivent être d'un style :

- *dépouillé*, qui va à l'essentiel en quelques signes élémentaires (logos, registres indicatifs et informatifs) ;

- *synthétique* pour accélérer l'assimilation (schéma, courbe, photographie, plan qui mettent l'accent sur les caractéristiques dominantes d'une situation) ;

- *analytique*, qui insiste sur l'enchaînement des causes et des effets (graphique de gestion de projet qui insiste sur les phases cruciales, cercles qui entourent les éléments importants, ralenti en vidéo) ;

- *réaliste*, qui essaie de restituer la réalité aussi fidèlement que possible et met en valeur le pouvoir d'attestation de la photographie. Le réalisme sied théoriquement aux registres de l'information et notamment au documentaire, au reportage et au film d'entreprise.

## L'identité visuelle de votre entreprise renforce votre légitimité et votre message

Quand vous parlez à un auditoire de professionnels, vous intervenez généralement pour le compte d'une entreprise.

Aussi avez-vous intérêt au cours de votre intervention à déployer l'identité visuelle de votre entreprise qui imprime son image de marque et reflète sa légitimité. En insistant sur la différenciation, le message de l'identité visuelle est de dire : voilà ce qui fait mon originalité, voilà ce qui me distingue des autres. Vous en tirerez profit au moment même où vous parlez car cela renforce votre propre légitimité.

Sur tous vos documents, projetés et remis à l'assistance, vous avez donc intérêt à utiliser logos, pictogrammes, idéogrammes et charte graphique élaborés par votre entreprise.

Le logo condense visuellement la légitimité de l'entreprise. Sa puissance se mesure au nombre d'associations d'idées qu'il déclenche.

Le pictogramme (hiéroglyphe d'aujourd'hui) condense une foule de messages et les idéogrammes permettent de faire entrer des éléments qui symbolisent des valeurs.

La charte graphique détermine la manière dont tous les signes distinctifs de l'entreprise doivent être reproduits (dessin du logo, typographie, couleurs, rapport entre les éléments graphiques).

Si les graphiques, schémas, dessins en couleurs ne vous suffisent pas pour faire passer votre message, utilisez des photographies. Car la photographie enrichit la communication de ce que ni le texte ni le dessin ne peuvent lui apporter. À savoir :

- un pouvoir d'attestation ;
- un stockage d'indices parfois volontaires ;
- une extension des facultés humaines de perception.

Mais avant de recourir à la photographie, soumettez-la toujours au principe de subsidiarité et demandez-vous en quoi elle contribue à optimiser l'impact du message.

Si la photo fixe ou le diaporama ne vous suffisent pas, utilisez la vidéo. Elle est partout car elle ne coûte pas cher, elle est mobile, elle se diffuse sur plusieurs supports matériels et différents types de réseaux. Demandez-vous alors ce qu'elle va vous apporter de plus que la photo.

Si cela ne vous suffit toujours pas, dans une grande conférence ou un congrès, devant une grande assemblée, utilisez le film documentaire ou le film d'entreprise. Vous devrez alors disposer d'un large budget qui vous permettra d'utiliser les ressources d'équipes de professionnels qui réaliseront pour vous ces supports.



J'ÉLARGIS

# 18

# S'adapter à un auditoire multiculturel

Il peut arriver de plus en plus fréquemment que des auditeurs étrangers assistent à des interventions, des conférences, des congrès en France.

## UNE GÉOMÉTRIE VARIABLE

Au moment de préparer votre intervention, il est prudent de vous renseigner pour savoir de quels pays viennent les éventuels auditeurs étrangers.

Vous pourrez alors veiller particulièrement à respecter ce qui est important pour eux.

- *S'il y a des Allemands :* pour eux le temps doit être optimisé. La bonne gestion du temps est primordiale. Respectez votre horaire, évitez toute digression et traitez tous les points précis qu'ils sont en droit d'attendre de vous. Prévoyez le déjeuner assez tôt (12 h 30) et un menu sobre. Pour vous détendre vous pouvez parler voiture ou actualité allemande. Si un dîner est prévu pour eux après la fin de la journée, prévoyez des alcools pour la soirée.

- *S'il y a des Anglo-Saxons :* le café le matin ou le petit déjeuner d'accueil est indispensable. Le déjeuner peut être assez rapide. Une pause dans l'après-midi avec un thé, un verre pour terminer la journée sont les bienvenus. Lors des moments conviviaux, vous pouvez parler de choses variées : les vins, la bière, la famille, les projets de vacances. Pour ce qui est de votre intervention, montrez-vous très professionnel, précis, organisé, efficace. Prévoyez une intervention courte.

- *S'il y a des Asiatiques* : prenez votre temps, ne sautez aucune étape, n'essayez pas de deviner ce qu'ils peuvent ressentir (ils ne laissent jamais transparaître leurs sentiments). Allez au fond des choses et sachez que, pour ne jamais perdre la face, il va vous falloir « assurer » en toutes circonstances.

- *S'il y a des Japonais* : comme les Japonais se déplacent en groupe, votre entreprise pourra vraisemblablement organiser une séance particulière pour eux. Elle tiendra compte de leur sens aigu de la hiérarchie et de leur sexisme. L'intervention devra être faite par un homme, de même niveau hiérarchique que le chef de délégation. L'intervenant devra respecter scrupuleusement le planning, cadrer son intervention et les discussions, respecter à la minute les horaires. Vous pouvez aisément prévoir un déjeuner de deux heures. Cela réjouira fort un Japonais qui apprécie les plaisirs de la table. Bannissez les menus de type « international ». Choisissez des spécialités bien françaises à lui faire découvrir. Si un dîner doit être organisé, prévoyez des alcools forts.

- *S'il y a des Espagnols ou des représentants d'Amérique latine* : caler les horaires de votre intervention sur leurs horaires. Vous pouvez commencer tôt, faire une pause en milieu de matinée et déjeuner très tard.

- *S'il y a des Italiens* : ils sont exubérants et chaleureux. Attention donc à ne pas vous laisser déborder (par des remarques, des questions, des digressions). Il faut bien les cadrer. Si l'auditoire est restreint, vous pouvez prévoir de nombreuses pauses. Évitez de leur servir des menus italiens et des pâtes, qui sont en Italie un hors-d'œuvre et bien meilleures que partout ailleurs. Inutile de prévoir un apéritif. Ce n'est pas dans leurs habitudes. Pour la conversation conviviale, ne vous en faites pas, ils sont pleins de ressources.

- *S'il y a des représentants d'Afrique du Nord* : passez tout le temps qu'il faut à les accueillir, si possible avec des phrases de bienvenue en arabe. Demandez-leur des nouvelles de leur santé et de leur famille. Après, mais seulement après, vous pourrez aborder des questions professionnelles liées au contenu de votre intervention. Montrez que vous connaissez et respectez leurs pays et leurs façons de faire. Au moment des questions, soyez vigilant pour ne pas vous laisser déborder par vos interlocuteurs. Ils n'ont pas la même perception du temps et peuvent parler très longtemps. Attention à ne pas enfreindre les divers interdits religieux. Prévoyez de très nombreux cafés, notamment à 10 heures du matin. Ne proposez pas d'alcool. Renseignez-vous sur leurs habitudes alimentaires pour prévoir une cuisine adaptée. N'oubliez jamais que vos interlocuteurs sont très au courant de ce qui se passe en France. Il vous faut donc montrer que vous aussi vous êtes au courant de ce qui se passe chez eux. Vous devez faire vos preuves pour gagner leur confiance.

- *S'il y a des représentants d'Europe du Nord :* ils apprécieront de goûter à tous les plats nouveaux que vous pouvez leur offrir au déjeuner, mais attention, ne prévoyez pas trop de vins différents car ils ne sont pas habitués aux mélanges. Prévoyez beaucoup de café, qu'ils adorent et consomment en quantité.

- *Quelle que soit la nationalité des participants,* renseignez-vous un minimum sur leurs habitudes pour vous y adapter. C'est la moindre des courtoisies et aussi le garant de l'efficacité.

## L'INDISPENSABLE LANGUE ANGLAISE

Vous pourrez aussi adapter l'accueil, les moments de convivialité et l'organisation globale de la demi-journée ou de la journée en fonction des habitudes et caractéristiques de vos auditeurs étrangers, s'ils sont nombreux.

Avec ces auditeurs étrangers, prévoyez de parler anglais. Lors de votre intervention, ils vous poseront sans doute les questions en anglais et considéreront normal que vous vous exprimiez en anglais – même avec des fautes de grammaire ou un fort accent, cela n'a pas d'importance – dans les moments de convivialité. Une petite remise à niveau préalable est peut-être nécessaire.

- *Avec des Allemands :* prononcez si possible quelques mots en allemand pour les accueillir. Cela leur fera plaisir.

- *Avec des Anglo-Saxons :* la langue « internationale » étant l'anglais, ils s'attendent à ce que vous puissiez vous exprimer à peu près correctement en anglais et à pouvoir poser leurs questions dans leur langue maternelle. Assurez-vous de bien connaître le langage technique de votre spécialité en anglais. Ne vous en faites pas pour vos fautes et votre accent, cela n'a pas grande importance. Si vous êtes avec un Anglais, vous pouvez aborder le sujet inépuisable de la famille royale. Pour les Américains, l'imbrication de la vie personnelle et professionnelle est forte. Votre interlocuteur doit pouvoir vous considérer comme un ami. Soyez donc très chaleureux.

- *Avec les Asiatiques :* lors des moments conviviaux respectez la plus grande courtoisie. Saluez de la tête. Ayez un comportement poli et discret. Considérez que les Asiatiques sont susceptibles et qu'il ne faut pas les choquer ou les mettre en difficulté car ils risqueraient de perdre la face.

- *Avec les Japonais :* respectez aussi la plus grande courtoisie, n'essayez pas de sonder les cœurs. N'essayez pas de lier une conversation avec quelqu'un qui a manifestement un plus haut niveau hiérarchique que vous. Ne tendez pas la main pour donner une poignée de main. Attention aux titres de vos interlocuteurs qui sont bien différents des nôtres.

- *Avec les Espagnols et les représentants de l'Amérique latine :* pendant les moments de convivialité, vous pouvez aborder tous les sujets, même personnels. Avec les Brésiliens, le sujet est tout trouvé : c'est le football ! Informez-vous aussi sur l'actualité dans les différents pays d'Amérique latine. (Au Chili, au Mexique, au Pérou c'est l'espagnol qui domine. Au Brésil c'est le portugais.)

- *Avec des interlocuteurs venus d'Europe du Nord :* ils sont réservés d'un premier abord, mais très ouverts aux autres et en réalité chaleureux. Ils sont rigoureux et techniques. Il vous faut être clair, honnête et technique. Attendez-vous à devoir vous exprimer en anglais. Vous pouvez leur parler de tout, à condition de ne pas aborder la sphère intime.

*Quelle que soit la nationalité des participants,* renseignez-vous un minimum sur leurs habitudes pour vous y adapter. C'est la moindre des courtoisies et aussi le garant de l'efficacité.

J'ÉLARGIS

# PARTIE IV

## J'INTÈGRE

### JE M'APPROPRIE LES « MEILLEURES PRATIQUES » GRÂCE AUX TESTS, OUTILS ET CITATIONS UTILES

# 19

# Tests et outils d'ABIS pour s'approprier les « meilleures pratiques »

## LES TESTS ET OUTILS D'ABIS, QUEL MODE D'ÉLABORATION ?

À partir de la connaissance approfondie que ses formateurs ont de tous les thèmes du management et des besoins des stagiaires, des outils express ont été élaborés par ABIS. Il s'agit :

- soit de simplifications de tests plus complexes, comportant un très grand nombre d'items (phrases, questions, mots) conçus par des chercheurs en sciences humaines ou des formateurs ;
- soit des créations de toutes pièces pour répondre aux besoins de professionnels en formation.

Les tests élaborés par des chercheurs donnent lieu à des études scientifiques qui permettent de faire la preuve de leur validité (c'est-à-dire de leur capacité à bien mesurer ce qu'ils sont censés mesurer), tandis que les outils élaborés par l'équipe d'ABIS sont testés empiriquement auprès des personnes en formation.

Les tests et outils express résultent des constatations suivantes :

- les tests habituels sont souvent longs. Ils sont fastidieux et pas toujours adaptés à des personnes pour qui la préoccupation majeure est l'efficacité professionnelle, et non la relation en elle-même. En lassant, ils peuvent donc parfois être contre-productifs par rapport à leur objectif ;
- quelques items bien choisis, et correspondant à la réalité de la vie de l'entreprise, peuvent donner des indications relativement fiables ;

- lorsque l'on teste une idée en interrogeant cinq personnes, on recueille environ 90 % des idées qui seraient émises si l'on interrogeait un large échantillon (plus de cent personnes).

C'est pourquoi les tests et outils :

- sont courts, avec quelques items correspondant bien au vécu professionnel des salariés ;
- ont tous été testés sur au moins cinq personnes ;
- n'ont pas la prétention d'être des tests au sens scientifique du terme, mais seulement des outils capables de suggérer une orientation.

Toute personne qui voudrait creuser davantage un élément pour confirmer l'orientation donnée par ABIS pourrait passer un test plus complet, mais devrait alors prendre soin d'utiliser un test élaboré par des chercheurs en sciences humaines.

## SUR QUOI PORTENT LES TESTS ET OUTILS D'ABIS POUR INTERVENIR EN PROFESSIONNEL DEVANT UN AUDITOIRE ?

- Les tendances personnelles face à la prise de parole.
- L'identification du message clé.
- Le choix de l'objectif.
- La construction du plan.
- Le langage.
- Les registres sensoriels.
- L'articulation.
- La gestuelle.
- L'écoute et l'empathie.
- La réponse aux questions.

# Tests et diagnostics, les entraînements et commentaires d'ABIS

## FAITES L'AUTODIAGNOSTIC DE VOS TENDANCES PERSONNELLES POUR EN TIRER PARTI

### Test en 36 phrases

Entourez le numéro des affirmations avec lesquelles vous êtes d'accord.

| | |
|---|---|
| 1. | Les gens disent que j'ai une forte personnalité. |
| 2. | Pour qu'une réunion débouche sur une décision, il faut un bon exposé, un dialogue et quelqu'un qui tranche. |
| 3. | Quand je dis quelque chose, je me rends compte que cela éveille des réflexions de la part de mon interlocuteur. |
| 4. | Quand mes collègues me disent quelque chose, je n'écoute pas toujours car je suis mon idée. |
| 5. | Dès qu'il se passe quelque chose d'inattendu, je réagis très vite et je règle ainsi beaucoup de problèmes. |
| 6. | Je me sens très à l'aise quand je dois faire une présentation devant mes collègues. |
| 7. | Je joue facilement avec les intonations de ma voix chaque fois que je dois séduire un interlocuteur. |
| | .../... |

8.  J'ai une voix correctement timbrée.

9.  J'articule très bien et les gens me comprennent toujours.

10. Quand je parle avec d'autres à la machine à café, je bouge peu, je fais peu de gestes.

11. Quand il m'arrive de parler devant des collègues, je regarde chacun d'eux tour à tour.

12. Je veille à toujours employer un vocabulaire correct au travail.

13. Je suis très attentif à ce que me disent mes collègues.

14. J'ai une petite voix.

15. Je ne surveille pas mon langage dans le cadre professionnel. Mon vocabulaire et ma syntaxe laissent à désirer.

16. J'écoute avec beaucoup d'attention tout ce qu'on me dit car cela débouche facilement sur de nouvelles idées ou des solutions.

17. Je n'ai aucune difficulté à utiliser le même langage que mes supérieurs hiérarchiques.

18. Quand je fais une présentation, je lis mon texte et je ne regarde personne.

19. Je mange souvent mes mots, je parle vite et mes interlocuteurs me font parfois répéter ce que je dis.

20. Je suis d'un naturel assez expressif et je fais beaucoup de gestes en parlant.

21. Dans une réunion, le plus important, c'est le débat après l'exposé.

22. Quand je parle, j'ai l'impression que personne ne m'écoute.

23. Quand je parle devant mes collègues, j'ai une certaine appréhension, mais je sais que cela passe très vite.

24. Ma voix est monotone.

25. Quand je fais une intervention, je prends soin de balayer la salle du regard.

26. Quand je parle avec des collègues, pour bien me faire comprendre, je joins souvent le geste à la parole.

27. Je parle à un bon rythme : on ne me dit pas que je parle ou trop vite ou trop lentement.

28. Je sais parler fort quand il le faut pour bien me faire entendre.

29. Je sais imprimer des intonations variées à ma voix.

30. Si je dois parler en public, j'ai un trac épouvantable.

31. Quand il arrive un événement exceptionnel, je ne me laisse pas détourner de ce que j'ai à faire.

32. Pour qu'une réunion puisse déboucher sur une décision, après l'exposé de l'intervenant, il faut un dialogue.

33. Quand je dis quelque chose, mes interlocuteurs se taisent.

34. Je suis d'un naturel timide.

35. Quand il se passe quelque chose d'imprévu, je ne sais pas bien quoi faire.

36. Je me sens à l'aise dans mes relations avec mes collègues, supérieurs et collaborateurs.



J'INTÈGRE

## Votre premier autodiagnostic global

Faites un diagnostic global à partir du tableau suivant. Entourez les points correspondants à vos réponses

| N° de la phrase entourée | Nbre de points attribués | N° de la phrase entourée | Nbre de points attribués | N° de la phrase entourée | Nombre de points attribués |
|---|---|---|---|---|---|
| 1 | 2 | 14 | 0 | 27 | 1 |
| 2 | 2 | 15 | 0 | 28 | 2 |
| 3 | 2 | 16 | 2 | 29 | 1 |
| 4 | 0 | 17 | 2 | 30 | 0 |
| 5 | 2 | 18 | 0 | 31 | 1 |
| 6 | 2 | 19 | 0 | 32 | 1 |
| 7 | 2 | 20 | 1 | 33 | 1 |
| 8 | 1 | 21 | 0 | 34 | 0 |
| 9 | 2 | 22 | 0 | 35 | 0 |
| 10 | 0 | 23 | 1 | 36 | 1 |
| 11 | 2 | 24 | 0 | | |
| 12 | 1 | 25 | 1 | | |
| 13 | 1 | 26 | 2 | | |
| | | | | Faites le total de vos points | … / 36 |

## Le commentaire d'ABIS

*Vous avez un score compris entre 0 et 12 points :* la prise de parole en public va à l'encontre de ce que vous êtes. Il vous faudra lutter fortement contre vos tendances naturelles pour arriver à faire de bonnes prestations. L'analyse plus détaillée vous permettra de comprendre quel genre de difficultés vous rencontrez, si ce sont des facteurs généraux qui vous gênent ou des facteurs plus techniques touchant l'expression orale elle-même. Il vous faudra avant tout renforcer votre confiance en vous.

*Vous avez un score compris entre 13 et 25 points* : l'apprentissage de la prise de parole en public ne vous posera pas de problèmes particuliers et vous arriverez vite à en assimiler les aspects techniques. L'analyse plus détaillée vous permettra de voir sur quels points particuliers faire porter votre effort.

*Vous avez un score compris entre 26 et 36 points* : la prise de parole en public devrait vous plaire et vous devriez très bien y réussir. Vous pouvez vous concentrer dans votre apprentissage sur les techniques les plus fines car vous maîtriserez facilement celles qui conduisent déjà à des prestations honorables.

Notez que l'optimum ne se situe pas à 36 points, mais peut-être entre 26 et 30, car certaines qualités peuvent avoir des inconvénients. Par exemple l'autorité naturelle (qui est un atout) peut entraîner un manque d'écoute (qui entraîne des difficultés lors des interventions orales).

## Votre diagnostic approfondi

Les phrases qui viennent de vous être proposées représentent différentes dimensions qui peuvent avoir une influence sur la façon de vous comporter lors de vos prises de parole en public :

- des dimensions relationnelles (style de relation aux autres, style d'autorité, capacité d'écoute, réactivité) qui vous seront utiles quand vous serez devant votre public ;
- des dimensions plus techniques, directement liées à la prise de parole au moment où vous vous trouvez devant votre auditoire (sensibilité au trac, intonation et force de la voix, gestes, regard, langage verbal).

À l'aide des tableaux suivants, vous allez pouvoir repérer vos atouts et les points à améliorer sur ces différentes dimensions.

Référez-vous de nouveau au tableau de vos réponses de la page précédente et reportez-les dans les deux tableaux suivants :

- celui des facteurs relationnels ayant une influence sur la façon d'appréhender les présentations orales ;
- celui des facteurs spécifiques à l'expression orale.

Faites vos totaux pour identifier sur laquelle de ces dimensions vous devez le plus faire porter vos efforts. Pour vous aider à progresser, nous vous proposons nos commentaires pour chacune des affirmations.

*Facteurs relationnels ayant une influence sur la façon d'appréhender les présentations orales*

| Dimension | N° entouré | Points attribués | Affirmation choisie | Le commentaire d'ABIS |
|---|---|---|---|---|
| Relation aux autres | 34 | 0 | Je suis d'un naturel timide. | Cela constitue évidemment une difficulté. Mais cela s'efface avec l'expérience. Pensez que nombre d'acteurs disent qu'ils ont fait cette profession parce qu'ils sont timides ! Au début, acceptez des interventions seulement devant un petit nombre de personnes. Vous verrez, avec l'habitude, vous prendrez confiance en vous. Préparez à fond le contenu de vos interventions. Écrivez-le. Si vous avez un moment de panique, vous pourrez ainsi vous « raccrocher » à ce que vous avez écrit. |
| | 36 | 1 | Je me sens à l'aise dans mes relations avec mes collègues, supérieurs et collaborateurs. | Cela est très positif et vous devriez vous sentir aussi à l'aise dans vos interventions orales. |
| | 1 | 2 | Les gens disent que j'ai une forte personnalité. | Vous devriez vous sentir comme un poisson dans l'eau dans les interventions orales. Attention toutefois, vous avez peut-être des difficultés au niveau de l'écoute. |

| Dimension | N° entouré | Points attribués | Affirmation choisie | Le commentaire d'ABIS |
|---|---|---|---|---|
| Style de communication | 22 | 0 | Quand je parle, j'ai l'impression que personne ne m'écoute. | Cela peut venir de votre manque de confiance en vous. La prise de parole en public contribuera à vous faire gagner en confiance. Cela peut aussi venir d'aspects techniques faciles à travailler : force et intonation de la voix, gestuelle, etc. |
| | 33 | 1 | Quand je dis quelque chose, mes interlocuteurs se taisent. | C'est qu'ils vous écoutent. Attention toutefois à ne pas les lasser ou à ne pas les démotiver. |
| | 3 | 2 | Quand je dis quelque chose, je me rends compte que cela éveille des réflexions de la part de mon interlocuteur. | Vous devriez exceller dans vos interventions orales : intéresser, voire passionner, et pousser les autres à la réflexion et/ou à l'action. Vous avez des prédispositions, tirez-en le meilleur parti. |
| Style d'autorité | 21 | 0 | Dans une réunion, le plus important, c'est le débat après l'exposé. | Oui, le débat est très important, mais cela ne doit pas vous empêcher de bien préparer votre prestation car tout ou presque repose sur vous. Dans une présentation orale, vous devez exercer vos responsabilités et faire preuve d'une certaine autorité. Il faudra peut-être lutter contre votre naturel un peu laxiste. |
| | 32 | 1 | Pour qu'une réunion puisse déboucher sur une décision, après l'exposé de l'intervenant, il faut un dialogue. | Oui, il faut un bon exposé et un bon dialogue. Attention dans votre intervention à bien équilibrer les deux. Et n'oubliez pas que, dans le cadre d'une réunion, la décision vous revient peut-être. Il faudra bien penser à acter cette décision. |

.../...



J'INTÈGRE

| Dimension | N° entouré | Points attribués | Affirmation choisie | Le commentaire d'ABIS |
|---|---|---|---|---|
| *(suite)* Style d'autorité | 2 | 2 | Pour qu'une réunion débouche sur une décision, il faut un bon exposé, un dialogue et quelqu'un qui tranche. | Oui, vous avez raison. Attention toutefois à ne pas imposer une décision, mais à bien prendre la décision en concertation. |
| Capacité d'écoute et d'empathie | 4 | 0 | Quand mes collègues me disent quelque chose, je n'écoute pas toujours car je suis mon idée. | Il faudra forcer votre nature car il n'y a pas de bonne intervention sans des yeux et des oreilles attentives aux réactions de l'auditoire. Si vous restez concentré sur vous-même, vous n'arriverez pas à convaincre les autres. |
| | 13 | 1 | Je suis très attentif à ce que me disent mes collègues. | Cela est très positif car vous saurez intuitivement comment intéresser. |
| | 16 | 2 | J'écoute avec beaucoup d'attention tout ce qu'on me dit car cela débouche facilement sur de nouvelles idées ou des solutions. | Votre capacité d'écoute et d'empathie est orientée de façon active, vers l'action. Vous devriez vous sentir comme un poisson dans l'eau lors des présentations orales et dans les réunions qui les suivent. |
| Réactivité | 35 | 0 | Quand il se passe quelque chose d'imprévu, je ne sais pas bien quoi faire. | C'est une certaine fragilité. Dans vos documents de préparation, indiquez très clairement des repères, cela vous permettra de reprendre plus facilement le fil de votre développement, après la gestion de l'imprévu. |
| | 31 | 1 | Quand il arrive un événement exceptionnel, je ne me laisse pas détourner de ce que j'ai à faire. | C'est parfait de poursuivre son objectif. Attention toutefois à ne pas être trop rigide. Il faut de la souplesse face aux événements qui se présentent. |

| Dimension | N° entouré | Points attribués | Affirmation choisie | Le commentaire d'ABIS |
|---|---|---|---|---|
| *(suite)* Réactivité | 5 | 2 | Dès qu'il se passe quelque chose d'inattendu, je réagis très vite et je règle ainsi beaucoup de problèmes. | Cette réactivité vous sera très utile pour faire face à tous les imprévus qui peuvent se présenter lors de présentations, réunions et conférences et devrait renforcer encore votre sensation d'aisance. |
|  |  | Votre score relationnel | | ... / 15 |

## Facteurs spécifiques à l'expression orale

| Dimension | N° entouré | Points attribués | Affirmation choisie | Le commentaire d'ABIS |
|---|---|---|---|---|
| Sensibilité au trac | 30 | 0 | Si je dois parler en public, j'ai un trac épouvantable. | Vous avez le trac. C'est normal. Tout le monde l'a. Cela passe dès que l'on est dans l'action et non plus dans l'attente de l'action. |
|  | 23 | 1 | Quand je parle devant mes collègues, j'ai une certaine appréhension, mais je sais que cela passe très vite. | L'appréhension est naturelle. Vous avez raison de ne pas vous laisser impressionner par elle, puisqu'elle passe presque instantanément dès que vous avez commencé à parler. |
|  | 6 | 2 | Je me sens très à l'aise quand je dois faire une présentation devant mes collègues. | Bravo. C'est une force, car vous ne risquez pas de perdre vos moyens au début de l'intervention. |
| Intonation de la voix | 24 | 0 | Ma voix est monotone. | Il va falloir forcer votre talent. Vous pouvez vous demander pourquoi votre voix est monotone. Y a-t-il des pistes du côté relationnel ? Sinon, quelques exercices et vous saurez donner de l'intonation et de la chaleur à votre voix. |
|  |  |  |  | .../... |



J'INTÈGRE

| Dimension | N°<br>entouré | Points<br>attribués | Affirmation choisie | Le commentaire d'ABIS |
|---|---|---|---|---|
| *(suite)*<br>Intonation<br>de la voix | 29 | 1 | Je sais imprimer des intonations variées à ma voix. | Parfait. En situation de présentation orale, vous pouvez même « en rajouter un peu ». |
| | 7 | 2 | Je joue facilement avec les intonations de ma voix chaque fois que je dois séduire un interlocuteur. | Parfait. Continuez. Les présentations orales, vous allez a-do-rer ! Car pour faire une bonne intervention orale, il faut séduire. |
| Force de la voix | 14 | 0 | J'ai une petite voix. | Il faut vous exercer à parler plus fort. Ce sera peut-être un effort, mais c'est indispensable. Le minimum dans une présentation orale est d'être entendu. |
| | 8 | 1 | J'ai une voix correctement timbrée. | C'est un atout. |
| | 28 | 2 | Je sais parler fort quand il le faut pour bien me faire entendre. | Parfait. |
| Articulation | 23 | 0 | Je mange souvent mes mots, je parle vite et mes interlocuteurs me font parfois répéter ce que je dis. | Vous devrez faire un énorme effort : celui de parler plus lentement et plus distinctement. Articulez mieux, votre débit ralentira automatiquement. |
| | 27 | 1 | Je parle à un bon rythme : on ne me dit pas que je parle ou trop vite ou trop lentement. | Parfait. Vérifiez que vous articulez bien. |
| | 9 | 2 | J'articule très bien et les gens me comprennent toujours. | Parfait. C'est un atout. |
| Gestes | 10 | 0 | Quand je parle avec d'autres à la machine à café, je bouge peu, je fais peu de gestes. | Dans les interventions, il faut apprendre à bouger, si cela ne vous est pas naturel. Car si vous ne faites pas de gestes, vous paraîtrez trop statique. |

| Dimension | N° entouré | Points attribués | Affirmation choisie | Le commentaire d'ABIS |
|---|---|---|---|---|
| *(suite)* Gestes | 20 | 1 | Je suis d'un naturel assez expressif et je fais beaucoup de gestes en parlant. | Vous pourrez vous appuyer sur votre naturel expressif au cours de vos interventions. |
| | 26 | 2 | Quand je parle avec des collègues, pour bien me faire comprendre, je joins souvent le geste à la parole. | Vous pourrez d'autant plus vous appuyer sur votre naturel expressif que vous avez déjà l'habitude d'en tirer parti. Attention peut-être à ne pas en faire trop. |
| Regard | 18 | 0 | Quand je fais une présentation, je lis mon texte et je ne regarde personne. | Il faut vous contraindre à regarder votre auditoire. N'écrivez pas la totalité de votre présentation. Vous regarderez automatiquement ceux qui vous écoutent. |
| | 25 | 1 | Quand je fais une intervention, je prends soin de balayer la salle du regard. | C'est une bonne habitude de regarder la salle. Mais plutôt qu'un regard circulant, qui ne se pose pas, essayez de poser réellement votre regard tour à tour sur plusieurs personnes. |
| | 11 | 2 | Quand il m'arrive de parler devant des collègues, je regarde chacun d'eux tour à tour. | Parfait. C'est très utile : ils se sentent impliqués par ce que vous dites. |
| Langage verbal | 18 | 0 | Je ne surveille pas mon langage dans le cadre professionnel. Mon vocabulaire et ma syntaxe laissent à désirer. | C'est une habitude à perdre. Dans le travail, vous devez parler « correctement ». *A fortiori* quand vous parlez devant un auditoire. Surveillez-vous. Ce sera un effort supplémentaire à fournir lors de vos présentations orales. Ce qu'on vous « pardonne » au quotidien, on ne l'acceptera pas au moment d'une présentation. |

.../...



J'INTÈGRE

| Dimension | N° entouré | Points attribués | Affirmation choisie | Le commentaire d'ABIS |
|---|---|---|---|---|
| *(suite)* Langage verbal | 15 | 1 | Je veille à toujours employer un vocabulaire correct au travail. | C'est une bonne habitude, vous n'aurez ainsi pas d'effort supplémentaire à fournir lors de vos interventions. |
| | 17 | 2 | Je n'ai aucune difficulté à utiliser le même langage que mes supérieurs hiérarchiques. | Parfait, vous vous sentirez d'autant plus à l'aise dans vos interventions. |
| | | | Votre score technique | ... / 21 |

## Le commentaire d'ABIS

Vous pouvez vous amuser à refaire ces tests de départ après la lecture complète de ce guide d'autoformation et après avoir fait quelques interventions orales. Vous verrez quels changements sont survenus, comme par miracle !

## ENTRAÎNEZ-VOUS À TROUVER VOTRE MESSAGE CLÉ

### Test express autour de trois séries d'informations

Dans la phase préparatoire de votre intervention, vous avez réuni les informations ci-dessous. Comment rédigeriez-vous votre message clé à propos de la situation commerciale de votre société, du pétrole, de l'énergie solaire ?

*La situation commerciale de votre société*

Nos chiffres de vente sont en hausse de 1,1 %.

Les chiffres de vente de la concurrence sont en hausse de 1,2 %.

Nous avons quatre commerciaux pour la région parisienne et trois pour la province.

Notre chiffre d'affaires sur Paris représente 60 % de notre chiffre d'affaires total.

Les livraisons en région parisienne ont souvent du retard.

Les livraisons en province se déroulent bien.

Le service après-vente sur la région parisienne est parfois encombré.

Nous avons sorti un nouveau produit sur notre moyenne gamme.

| Quel est votre message clé ? |
| --- |
| ...................................................................................................... |

*Le pétrole*

L'augmentation de la consommation d'énergie est différente selon les régions : elle est très importante aux États-Unis et en Chine alors qu'elle est relativement faible pour les pays d'Europe de l'Ouest.

La modération de la demande de pétrole en Europe est due aux crises de 1973 et 1979, à la suite desquelles les gouvernements ont engagé des politiques de réduction de la dépendance au



J'INTÈGRE

pétrole. Les États-Unis sont particulièrement vulnérables à la pénurie de pétrole. Avec 4,6 % de la population mondiale, ce pays représente pourtant plus de 25 % de la consommation d'énergie mondiale.

Bien qu'ils soient eux-mêmes gros producteurs de pétrole et de gaz, les États-Unis doivent ainsi importer chaque jour plus de 16 % de leur approvisionnement en pétrole. Cette dépendance risque de s'accroître dans les prochaines années, car ils prévoient une augmentation de 33 % de la consommation de pétrole.

| Quel est votre message clé ? |
| --- |
| |

## L'énergie solaire

Le Soleil est un réacteur à fusion nucléaire qui fonctionne depuis 5 milliards d'années.

Il libère d'énormes quantités d'énergie qui, après avoir parcouru une distance d'environ 150 millions de kilomètres atteignent la surface de la Terre avec une puissance moyenne d'environ 1 000 W/m$^2$.

L'énergie solaire qui frappe la Terre est 10 000 fois supérieure à la demande énergétique globale de la population. Selon les astronomes, cela durera encore 5 autres milliards d'années. Autant dire qu'à l'échelle humaine, l'énergie solaire est inépuisable !

L'énergie solaire est inégalement répartie à la surface de la Terre et sujette à des variations saisonnières. Près de l'équateur, l'ensoleillement annuel peut atteindre 2 300 kWh/m$^2$/an, soit deux fois l'ensoleillement moyen en Europe (1 100 kWh/m$^2$/an).

Des variations existent également en France en fonction de la latitude. Ainsi, Calais reçoit en moyenne environ 3 kWh/m$^2$ par jour alors que Toulon en reçoit plus de 5,2. Ces valeurs varient tout au long de l'année en fonction des saisons avec évidemment un maximum en été.

On peut profiter de la chaleur et de la lumière du Soleil pour récupérer des calories et produire de l'électricité tout en émettant moins de pollution comparativement aux sources fossiles.

Par rapport aux autres sources renouvelables, le solaire offre un avantage particulier : il est exploitable sur l'ensemble de la surface du globe. Mais l'équipement de production doit être installé à proximité du lieu de consommation afin de minimiser les pertes.

L'équipement est totalement modulable : la taille des installations peut être facilement ajustée selon les besoins ou les moyens.

**Quel est votre message clé ?**

..............................................................................................................

..............................................................................................................

..............................................................................................................

## Le commentaire d'ABIS

Voici des exemples de messages clés possibles.

*L'état commercial de votre société* : notre société doit réorganiser sa force commerciale pour améliorer la situation en région parisienne.

*Le pétrole* : vis-à-vis de la crise du pétrole, l'Europe est mieux placée que les États-Unis, qui sont les plus gros consommateurs de pétrole. C'est une chance.

*L'énergie solaire* : l'énergie solaire est une source d'énergie renouvelable encore sous-exploitée, donc prometteuse.



J'INTÈGRE

## TESTEZ ET AMÉLIOREZ LA PERTINENCE DE VOS OBJECTIFS

L'objectif de votre intervention, c'est ce qui lui donne son sens. C'est le résultat auquel vous voulez aboutir.

### Test express pertinence des objectifs en 3 phrases

Parmi les trois phrases suivantes, quel objectif choisiriez-vous pour une réunion sur les délais de production, rassemblant une dizaine de personnes d'un département de production ?

A. Parler des délais de production.

B. Envisager un changement dans le processus de production pour réduire les délais.

C. Prendre une décision pour améliorer le processus de production dans un délai de six mois pour gagner deux jours dans le délai de production.

## Le commentaire d'ABIS

| Phrase choisie | Notre commentaire |
|---|---|
| A. Parler des délais de production. | Ce n'est pas un objectif, c'est seulement un thème. Pour trouver votre objectif, demandez-vous ce à quoi va servir votre exposé. Cela vous aidera à lui trouver un fil directeur. |
| B. Envisager la possibilité de transformer le processus de production pour réduire les délais. | Oui, c'est un objectif, mais il est trop flou. Vous ne saurez pas sur quels points insister particulièrement dans votre exposé. Pour trouver votre objectif, demandez-vous à quoi vous voulez aboutir une fois que le processus de production sera transformé. |
| C. Prendre une décision pour améliorer le processus de production dans un délai de six mois pour gagner deux jours dans le processus de production. | Bravo, voilà un véritable objectif qui vous aidera à structurer votre intervention. Il est motivant pour l'auditoire (qui devra agir dans les six mois) et il vous guidera pour savoir sur quels points insister. C'est un objectif SMART ! |

## Test en 9 phrases

Comme tout objectif, un bon objectif pour une intervention en public doit être **SMART(E)** :

- **S**pécifique, clair, précis, sans ambiguïté. Il doit pouvoir s'exprimer en une phrase ;
- **M**esurable. On doit pouvoir mesurer si l'on s'en approche. On peut définir dès le départ des critères qui permettront d'évaluer s'il est atteint ;
- **A**tteignable. Des objectifs trop élevés démotivent, des objectifs réalistes incitent l'auditoire à l'écoute et à la prise de décision ;
- **R**éalisable et **R**elié à l'objectif de l'entreprise ;
- défini dans le **T**emps. Il doit être atteint dans la durée de l'intervention ;
- (**É**cologique), en conformité avec l'intérêt du développement durable.



J'INTÈGRE

Ou encore **MALIN** :

- Mesurable, même un objectif qualitatif peut être exprimé en termes quantitatifs ;
- Accessible, avec les ressources dont on dispose ;
- Limité dans le temps, avec des dates butoirs bien définies ;
- Impliquant pour susciter intérêt et responsabilité de l'auditoire ;
- Négocié pour être bien ajusté et impliquant.

Ou encore **en 6 P** : **P**ositif, **P**récis, **P**ratique, **P**lanifié, **P**orteur, **P**ersonnel.

En vous imprégnant de ces caractéristiques d'un « bon » objectif, analysez chacun des dix objectifs suivants en les passant au crible de cinq critères :

| Objectif d'une intervention | Cet objectif d'intervention est-il spécifique (S), mesurable (M), atteignable (A), réalisable (R), défini dans le temps (T) ? (Répondez par oui ou par non) | | | | |
|---|---|---|---|---|---|
| | S | M | A | R | T |
| 1. Exposer toutes les dimensions de la nouvelle organisation des services. | | | | | |
| 2. Persuader l'ensemble de l'auditoire que la nouvelle organisation aura des répercussions positives sur la commercialisation des produits. | | | | | |
| 3. Convaincre les services de production de travailler davantage en flux tendus pour améliorer la compétitivité de l'entreprise. | | | | | |
| 4. Recadrer le travail des commerciaux pour les trois mois à venir, avec exposé des résultats en 10 minutes, réponse aux questions en 30 minutes, examen des solutions en 15 minutes et indication de la nouvelle marche à suivre en fin de réunion, en 10 minutes. | | | | | |
| 5. Amener l'auditoire à prendre une décision sur le processus de commercialisation, avec exposé de 20 minutes, réponse aux questions de 10 minutes et séance de prise de décision en 30 minutes. | | | | | |

.../...

| Objectif d'une intervention | Cet objectif d'intervention est-il spécifique (S), mesurable (M), atteignable (A), réalisable (R), défini dans le temps (T) ? (Répondez par oui ou par non) | | | | |
|---|---|---|---|---|---|
| | S | M | A | R | T |
| 6.  Recadrer le travail des commerciaux. | | | | | |
| 7.  Amener les responsables des divers départements à s'interroger ensemble sur la réorganisation des services. | | | | | |
| 8.  Faire réfléchir l'auditoire aux implications d'une nouvelle organisation en matière de ressources humaines. | | | | | |
| 9.  Amener les responsables des divers départements à programmer des réunions dans les trois mois à venir pour prendre une décision quant aux processus commerciaux. | | | | | |

## Le commentaire d'ABIS

| Objectif d'une intervention | S | M | A | R | T | Le commentaire d'ABIS |
|---|---|---|---|---|---|---|
| 1.  Exposer toutes les dimensions de la nouvelle organisation des services. | Non | Non | Oui | Non | Non | L'implication vient ici du sujet et non de l'objectif. |
| 2.  Persuader l'ensemble de l'auditoire que la nouvelle organisation aura des répercussions positives sur la commercialisation des produits. | Oui | Non | Oui | Oui | Non | |
| 3.  Convaincre les services de production de travailler davantage en flux tendus pour améliorer la compétitivité de l'entreprise. | Oui | Non | Oui | Oui | Non | |

.../...



J'INTÈGRE

| Objectif<br>d'une intervention | S | M | A | R | T | Le commentaire<br>d'ABIS |
|---|---|---|---|---|---|---|
| 4. Recadrer le travail des commerciaux pour les trois mois à venir, avec exposé de leurs résultats en 10 minutes, réponse aux questions en 30 minutes examen des solutions en 15 minutes, indication de la nouvelle marche et élaboration d'un tableau de bord de suivi en 15 minutes en fin de réunion. | Oui | Oui | Oui | Oui | Oui | Voilà un objectif SMART ! |
| 5. Amener l'auditoire à prendre une décision sur le processus de commercialisation, avec exposé de 20 minutes, réponse aux questions de 10 minutes et séance de prise de décision en 30 minutes. | Oui | Oui | Oui | Oui | Oui | Et encore un ! |
| 6. Recadrer le travail des commerciaux. | Non | Non | Oui | Oui | Non | L'objet du recadrage est imprécis. |
| 7. Amener les responsables des divers départements à s'interroger ensemble sur la réorganisation des services. | Non | Non | Oui | Oui | Non | Les moyens ne sont pas précisés. |
| 8. Faire réfléchir l'auditoire aux implications d'une nouvelle organisation en matière de ressources humaines. | Non | Non | Oui | Oui | Non | Les moyens ne sont pas précisés. |
| 9. Amener les responsables des divers départements à programmer des réunions dans les trois mois à venir pour prendre une décision quant aux processus commerciaux. | Non | Oui | Oui | Oui | Oui | Les moyens ne sont pas précisés. |

## ENTRAÎNEZ-VOUS À CONSTRUIRE UN PLAN RAPIDEMENT

### Entraînement à partir de 34 idées et informations

Vous dirigez la société que vous avez vous-même créée. On vous a demandé d'intervenir auprès de jeunes qui envisagent eux aussi de créer leur entreprise. Vous avez déjà réuni un bon nombre des informations nécessaires à votre intervention, à partir de vos lectures et à partir de votre vécu.

Pour aller plus loin et compléter éventuellement vos informations, il vous faut bâtir le plan de votre intervention.

Pour l'instant, vous avez noté ces informations, en vrac, dans la liste ci-dessous.

À partir de ces quarante et une idées et informations, bâtissez un plan qui doit contenir six parties.

Voici la liste que vous avez établie :

1. Être curieux.

2. Les sources d'information : les informations commerciales et les salons, l'actualité, la presse spécialisée, les fédérations professionnelles, les instituts de recherche, les sites Internet spécialisés.

3. Trouver une idée.

4. Avoir l'esprit critique.

5. Décrire son idée.

6. Faire une étude de marché approfondie.

7. L'objectif d'une étude de marché.

8. Être persuasif.

9. Protéger son idée.

10. Besoin d'accomplissement, ambition, goût des responsabilités.



J'INTÈGRE

11. Exploiter une idée déjà existante.

12. Connaître les clients.

13. La question de la marque.

14. Définir les éventuels partenariats.

15. Faire des prévisions financières.

16. Être tenace.

17. La place du conjoint.

18. L'associé.

19. Les statuts juridiques de l'associé, du conjoint.

20. Les statuts de l'entreprise.

21. Dossier bancaire.

22. Les tendances du marché.

23. Le marketing mix.

24. Faire un plan de financement.

25. Faire un compte de résultat prévisionnel.

26. Faire un plan de trésorerie.

27. Faire le plan de financement à trois ans.

28. Être bon gestionnaire.

29. Avoir des capacités de management.

30. Avoir des capacités dans plusieurs domaines et non dans un seul.

31. Assurer la future entreprise.

32. Chercher des financements.

33. Chercher des financements d'aide à la création.

34. Les démarches administratives.

## Le commentaire d'ABIS

ABIS vous suggère le plan suivant, par regroupement des différentes idées et informations, mais d'autres sont possibles.

| Plan | N° de l'idée dans la liste |
|---|---|
| 1. Le profil du créateur d'entreprise : qualités personnelles et compétences professionnelles | 1, 4, 8, 10, 16, 28, 29, 30 |
| 2. La recherche de l'idée | 2, 3, 5, 11 |
| 3. L'étude de marché et le marketing | 6, 7, 12, 13, 22, 23 |
| 4. Les prévisions financières et la recherche de financement | 14, 15, 21, 24, 25, 26, 27, 32, 33 |
| 5. Les statuts juridiques et les questions juridiques | 9, 17, 18, 19, 20 |
| 6. Les démarches administratives | 31, 34 |

## TESTEZ VOTRE « NIVEAU DE LANGAGE » ET APPRENEZ À PARLER EN PROFESSIONNEL

### Test en 3 phrases

Vous êtes avec deux de vos collègues les plus proches, avec qui vous avez noué certains liens d'amitié. Vous devez aller à la même réunion et vous êtes en retard. Que leur dites-vous ? (Choisissez une seule réponse.)

A. *Dépêchez-vous donc, on va être en retard.*

B. *Magnez-vous un peu le train, on est à la bourre.*

C. *Pourriez-vous vous hâter, nous risquons de nous faire attendre ?*



J'INTÈGRE

## Test style de langage en 30 mots

| Pour chacun des 30 mots ci-dessous, cochez l'une des colonnes suivantes (cochez une seule colonne) | Je connais la signification du mot et je l'utilise couramment | Je comprends le sens du mot, mais ne sais pas très bien l'utiliser | Je ne connais pas le sens du mot et ne l'utilise pas |
|---|---|---|---|
| 1. Essai | | | |
| 2. Mobiliser | | | |
| 3. Corrélation | | | |
| 4. Vicennal | | | |
| 5. Accoutumance | | | |
| 6. Accointance | | | |
| 7. Accord | | | |
| 8. Option | | | |
| 9. Homologuer | | | |
| 10. Soliloque | | | |
| 11. Abolitionniste | | | |
| 12. Échappatoire | | | |
| 13. Appréhender | | | |
| 14. Opuscule | | | |
| 15. Potentat | | | |
| 16. Accréditation | | | |
| 17. Aréopage | | | |
| 18. Tableau | | | |
| 19. Incommunicabilité | | | |
| 20. Payer | | | |
| 21. Éliminer | | | |
| 22. Échantillonnage | | | |
| 23. Esquiver | | | |
| 24. Solécisme | | | |
| 25. Acculer | | | |
| 26. Abaque | | | |
| 27. Optimiste | | | |
| 28. Intéressant | | | |
| 29. Dogmatique | | | |
| 30. Économétrie | | | |
| Nombre de mots cochés par colonne (le total des trois colonnes doit être égal à 30) | …. | … | … |

## Le commentaire d'ABIS

### Test en 3 phrases

*Vous avez choisi la phrase A :* il s'agit d'un langage courant, simple et correct, à utiliser en toutes circonstances professionnelles quotidiennes. Vous n'aurez aucune difficulté pour atteindre, quand il le faut, un langage un peu soutenu.

*Vous avez choisi la phrase B :* il s'agit d'un langage familier. Nous le déconseillons en toutes circonstances professionnelles. Même s'il est tout à fait toléré, un jour il pourra nuire à votre image et à votre progression.

*Vous avez choisi la phrase C :* vous n'aurez pas de difficulté avec le langage soutenu que vous utilisez déjà, mais attention il y a une certaine préciosité dans cette façon de s'exprimer. Méfiez-vous, il faut faire simple et concis.

### Test en 30 mots

Les résultats du test sont fondés sur l'analyse de la première colonne, car vous y avez identifié le vocabulaire que vous connaissez et que vous êtes susceptible d'utiliser naturellement lors de vos animations de réunion.

Dans le tableau suivant, faites votre diagnostic.

| Total première colonne | De 0 à 15 | Vous avez des progrès à faire. Il vous faut enrichir votre vocabulaire pour pouvoir vous exprimer avec plus de finesse, en y ajoutant des termes qui sont courants dans la vie professionnelle. |
| --- | --- | --- |
| | De 16 à 25 | Vous maîtrisez le vocabulaire de base nécessaire pour réaliser des interventions réussies. |
| | De 26 à 30 | Vous avez un vocabulaire riche. Vous vous exprimez toujours dans un registre de langage soutenu, ce qui est un gage de professionnalisme lorsqu'on doit animer des réunions.<br>Attention, dans vos interventions, cherchez à faire simple et à vous exprimer avec les mots de vos auditeurs.<br>Si vous avez un score de 27 ou plus, êtes-vous bien sûr de savoir utiliser correctement les mots soliloque, potentat, abaque ? |

Un profil très favorable pour s'exprimer avec aisance dans les réunions pourrait être :

● un score de 24 au total des deux premières colonnes ;

● un score de 6 dans la troisième colonne.

Cherchez la définition des mots que vous ne connaissez pas ou que vous n'utilisez pas couramment et essayez de les employer plus souvent.

### Entraînement en 10 mots pour l'enrichissement de votre vocabulaire

Quand un animateur de réunion utilise constamment les mêmes mots ou a des tics verbaux, cela finit par lasser les participants et nuit à l'image de l'animateur. Il convient donc de s'entraîner à disposer de synonymes pour varier son expression.

Voici dix mots qui sont souvent utilisés dans les réunions professionnelles. Exercez-vous à rechercher des synonymes. Ils vous viendront alors naturellement quand vous conduirez une réunion.

| Mots | Vos synonymes |
| --- | --- |
| 1. Anticipation | |
| 2. Changement | |
| 3. Décision | |
| 4. Emploi | |
| 5. Entreprise | |
| 6. Environnement | |
| 7. Interaction | |
| 8. Opinion | |
| 9. Organisation | |
| 10. Stratégie | |

## Le commentaire d'ABIS

Voici les synonymes qu'ABIS vous propose, pour 25 mots souvent utilisés dans les réunions professionnelles (y compris les 10 du test, en gras).

| Mots | Synonymes |
|---|---|
| Acceptation | Accord, conciliation, entente, transaction. |
| Amortissement | Rentabilisation, remboursement, diminution, atténuation. |
| **Anticipation** | Prévision, prospective. |
| **Changement** | Modification, mutation, conversion, transformation, amélioration, rénovation, métamorphose, transition, évolution, développement, mouvement, processus, mobilité, variation, renouvellement, rectificatif. |
| Compétitivité | Compétition, concurrence, challenge, rivalité. |
| Conjoncture | Situation, circonstances, événement, état, position, condition, occurrence, éventualité, possibilité, contingence, emplacement, endroit. |
| Corrélation | Relation, rapport, correspondance. |
| Cycle | Période, phase, révolution, boucle. |
| **Décision** | Conclusion, solution, résultat, terme, terminaison, issue, dénouement. |
| Efficience | Efficacité, rendement, action, effet. |
| **Emploi** | Fonction, place, poste, situation, travail, profession, rôle, occupation, affectation. |
| **Entreprise** (deux sens) | Société, organisation, institution, établissement, firme, maison, usine, industrie, site, commerce, magasin, comptoir, banque, services.<br>*Et aussi :*<br>Action, projet, plan, tentative, dessein, affaire, disposition, opération, ouvrage, œuvre, essai. |
| **Environnement** | Contexte, milieu, élément, cadre, entourage, voisinage, cercle, compagnie, espace, ambiance, climat, atmosphère. |
| Évaluation | Appréciation, estimation, approximation, calcul, impression, prévision, comparaison, rapprochement, mesure. |
| **Interaction** | Interférence, immixtion, intervention, interdépendance, dépendance, corrélation, réaction, contrecoup, réponse, répercussion, écho, réplique, effet, conséquence, comportement, attitude. |
| Liquidité | Argent, monnaie, espèces. |

.../...

| Mots | Synonymes |
| --- | --- |
| Marché (deux sens) | Clientèle, clients, débouché.<br>*Et aussi :*<br>Transaction, accord, contrat, achat, vente, échange, pacte, association, entente. |
| Mondialisation | Internationalisation, globalisation, universalisation. |
| **Opinion** | Avis, appréciation, impression, jugement, position, idée, conception, représentation, pensée, sentiment, vision, croyance, doctrine, projet, dessein, plan, thème, intention, hypothèse. |
| Optimum | Maximum, plafond, comble, summum, apogée, acmé. |
| **Organisation** | Ordre, ordonnance, disposition, agencement, rangement, aménagement, distribution, discipline, classe, corps, groupe, commandement, directive.<br>*Et aussi :*<br>Entreprise, société, institution, service, ministère. |
| Prime | Indemnité, gratification, bonification, paiement, rétribution, rémunération, avantage, récompense, libéralité. |
| Productivité | Rendement, efficience, efficacité. |
| **Stratégie** | Politique, tactique, plan, conduite, méthode, moyen, art, programme, manœuvre, tour, ruse, stratagème. |
| Structure | Composition, arrangement, assemblage, combinaison, construction, disposition, ensemble, constitution, agencement. |
| Substitution | Remplacement, changement, succession, commutation, relève, échange, compensation. |
| Travail | Action, activité, étude, tâche, ouvrage, pratique, opération, œuvre, profession, emploi, fonction, service, élaboration, fonctionnement. |

## TESTEZ ET ÉLARGISSEZ VOTRE REGISTRE SENSORIEL

### Test express sensoriel en 3 phrases

Laquelle de ces trois phrases préférez-vous ? (Vous devez obligatoirement choisir une seule phrase, même si les trois vous conviennent.)

A. *Je sens bien que cette démarche est très positive.*

B. *J'entends bien que cette démarche est très positive.*

C. *Je vois bien que cette démarche est très positive.*

### Test sensoriel en 60 mots et expressions

Parmi les quinze termes de chaque colonne, choisissez les cinq termes que vous préférez.

| Verbes | Noms | Adjectifs | Expressions |
|---|---|---|---|
| 1. Je saisis | 1. Son | 1. Calme | 1. Il convient d'avoir une vision d'ensemble |
| 2. J'entends | 2. Contact | 2. Net | 2. Bien entendu, nous… |
| 3. Je clarifie | 3. Clarté | 3. Fort | 3. Nous prenons à cœur de… |
| 4. Je sens | 4. Perspective | 4. Lumineux | 4. Nous sommes sur la même longueur d'onde |
| 5. Je remarque | 5. Stabilité | 5. Ferme | 5. Nous sommes bien dans le ton |
| 6. Je soutiens | 6. Vibration | 6. Mélodieux | 6. À la lumière de ces informations |
| 7. J'écoute | 7. Consistance | 7. Concret | 7. Voici des perspectives nouvelles |
| 8. Je ressens | 8. Dialogue | 8. Clair | 8. C'est plein de bon sens |
| 9. Je surveille | 9. Sentiment | 9. Rythmé | 9. Il a les pieds sur terre |
| 10. Je dis | 10. Espace | 10. Sensible | 10. Nous sommes bien à votre écoute |
| 11. Je prends | 11. Rythme | 11. Coloré | 11. Ils sont de contact agréable |
| 12. Je parle | 12. Sensation | 12. Harmonieux | 12. Avoir un plan bien défini |
| 13. Je dépeins (une situation) | 13. Observation | 13. Chaleureux | 13. C'est la voix de la raison |
| 14. J'émets (un message) | 14. Plan | 14. Sonore | 14. À première vue… |
| 15. Je montre | 15. Accord | 15. Brillant | 15. Progressons pas à pas |



J'INTÈGRE

## Le commentaire d'ABIS

### Analyse du test express en 3 phrases

*Si vous avez choisi la phrase A,* votre tendance dominante a de fortes chances d'être kinesthésique.

*Si vous avez choisi la phrase B,* votre tendance dominante a de fortes chances d'être auditive.

*Si vous avez choisi la phrase C,* votre tendance dominante a de fortes chances d'être visuelle.

### Analyse du test en 60 mots et expressions

Entourez les numéros des phrases que vous avez choisies. Regardez à quel registre sensoriel ils correspondent. (Nous appelons sensitif ce qui est kinesthésique, olfactif et gustatif.)

| Verbes | Noms | Adjectif | Expressions |
| --- | --- | --- | --- |
| 1. Sensitif | 1. Auditif | 1. Sensitif | 1. Visuel |
| 2. Auditif | 2. Sensitif | 2. Visuel | 2. Auditif |
| 3. Visuel | 3. Visuel | 3. Auditif | 3. Sensitif |
| 4. Sensitif | 4. Visuel | 4. Visuel | 4. Auditif |
| 5. Visuel | 5. Sensitif | 5. Sensitif | 5. Auditif |
| 6. Sensitif | 6. Auditif | 6. Auditif | 6. Visuel |
| 7. Auditif | 7. Sensitif | 7. Sensitif | 7. Visuel |
| 8. Sensitif | 8. Auditif | 8. Visuel | 8. Sensitif |
| 9. Visuel | 9. Sensitif | 9. Auditif | 9. Sensitif |
| 10. Auditif | 10. Visuel | 10. Sensitif | 10. Auditif |
| 11. Sensitif | 11. Auditif | 11. Visuel | 11. Sensitif |
| 12. Auditif | 12. Sensitif | 12. Auditif | 12. Visuel |
| 13. Visuel | 13. Visuel | 13. Sensitif | 13. Auditif |
| 14. Auditif | 14. Visuel | 14. Auditif | 14. Auditif |
| 15. Visuel | 15. Auditif | 15. Visuel | 15. Visuel |

Faites le total du nombre de choix par type sensitif. Déduisez-en votre registre sensoriel dominant.

| Type sensoriel | Verbes (nbre de réponses) | Noms (nbre de réponses) | Adjectifs (nbre de réponses) | Expressions (nbre de réponses) | Total par type sensoriel (total de la ligne) |
|---|---|---|---|---|---|
| Auditif | | | | | |
| Visuel | | | | | |
| Sensitif | | | | | |
| **Dominante (par colonne)** | | | | | |

À l'issue de ce test, vous pouvez prendre conscience de votre registre sensoriel dominant, de la diversité de votre perception sensorielle, de votre tendance à vous tenir dans un seul registre ou à en utiliser plusieurs. Vous pourrez également identifier le registre sensoriel dominant des participants à une réunion. Plus vous utiliserez les mots et expressions faisant partie de leur registre sensoriel, plus vous parviendrez à facilement les convaincre.

### Entraînement au changement de registre sensoriel en 15 phrases

Pour apprendre à vous exprimer dans tous les registres sensoriels, nous vous proposons l'entraînement suivant : chacune des phrases est exprimée dans un registre sensoriel. Entraînez-vous à les exprimer dans un autre registre.

Cinq phrases exprimées dans le registre auditif :

1. *J'entends bien vos arguments. Ils sont très pertinents.*
2. *Vous venez de me parler d'une difficulté.*
3. *Nous devrions entamer un véritable dialogue.*
4. *Je vous écoute avec attention.*
5. *Nous avons des raisons très fortes pour nous lancer dans ce projet.*

Cinq phrases exprimées dans le registre visuel :

6.  *Je vois très bien ce que vous voulez me dire.*

7.  *Au vu de ces informations, je pense que…*

8.  *Après cette discussion, tout cela est maintenant bien clair.*

9.  *Pour l'avenir, nous avons de très bonnes perspectives.*

10. *C'est clair et net, voilà la décision qui s'impose.*

Cinq phrases exprimées dans le registre sensitif :

11. *Le simple bon sens impose de penser que…*

12. *Je sens déjà que vous allez m'objecter que…*

13. *Ne dévions pas de notre discussion, restons concrets.*

14. *Je suis très sensible à votre argument.*

15. *Je prends acte de ce que vous venez de nous exposer.*

Remplissez maintenant les trois tableaux suivants :

| Phrase du registre auditif | Votre manière d'exprimer la même idée dans le registre visuel | Votre manière d'exprimer la même idée dans le registre sensitif |
|---|---|---|
| 1 | | |
| 2 | | |
| 3 | | |
| 4 | | |
| 5 | | |

| Phrase du registre visuel | Votre manière d'exprimer la même idée dans le registre auditif | Votre manière d'exprimer la même idée dans le registre sensitif |
|---|---|---|
| 6 | | |
| 7 | | |
| 8 | | |
| 9 | | |
| 10 | | |

| Phrase du registre sensitif | Votre manière d'exprimer la même idée dans le registre auditif | Votre manière d'exprimer la même idée dans le registre visuel |
|---|---|---|
| 11 | | |
| 12 | | |
| 13 | | |
| 14 | | |
| 15 | | |

## Le commentaire d'ABIS

Voici, à titre d'exemples la manière d'exprimer la même idée dans les trois registres sensoriels.

| Phrase du registre auditif | La manière pour exprimer la même idée dans le registre visuel | La manière pour exprimer la même idée dans le registre sensitif |
|---|---|---|
| 1 | Je vois bien vos arguments. | Je saisis bien vos arguments. |
| 2 | Vous venez de me dépeindre une difficulté. | Vous venez de me faire sentir une difficulté. |
| 3 | Nous devrions comparer nos visions à ce propos. | Nous devrions comparer nos sentiments à ce propos. |
| 4 | J'observe tout ce que vous dites avec attention. | Je vous suis avec attention. |
| 5 | Nous avons des raisons très claires pour nous lancer dans le projet. | Nos raisons sont tout à fait concrètes pour nous lancer dans ce projet. |

| Phrase du registre visuel | La manière pour exprimer la même idée dans le registre auditif | La manière pour exprimer la même idée dans le registre sensitif |
|---|---|---|
| 6 | J'entends très bien ce que vous voulez me dire. | Je ressens très bien ce que vous voulez me faire comprendre. |
| 7 | Après avoir entendu ces informations, je pense que... | D'après ces informations, je pense que... |
| 8 | Après cette discussion, tout cela est maintenant bien entendu. | Après cette discussion, tout cela est maintenant sûr. |
| 9 | Pour l'avenir nous nous dirigeons vers un très bon rythme de progression. | Pour nous, l'avenir est consistant, avec des projets. |
| 10 | C'est entendu, voilà la décision qui s'impose. | C'est le bon sens même, voilà la décision qui s'impose. |

| Phrase du registre sensitif | La manière pour exprimer la même idée dans le registre visuel | La manière pour exprimer la même idée dans le registre auditif |
|---|---|---|
| 11 | C'est clair, cela s'impose de penser que... | C'est entendu, cela s'impose de penser que... |
| 12 | Je vois déjà ce que vous allez m'objecter. | J'entends déjà ce que vous allez m'objecter. |
| 13 | Ne dévions pas de notre discussion, restons clairs. | Ne dévions pas de notre discussion, restons forts. |
| 14 | Votre argument est lumineux | Votre argument est très fort |
| 15 | J'ai bien vu ce que vous venez de nous exposer. | J'ai bien entendu ce que vous venez de nous exposer. |

## TESTEZ VOTRE ARTICULATION ET AMÉLIOREZ-LA EN 5 ENTRAÎNEMENTS

### Test en 3 phrases

Dites rapidement :

1. *Il faut que je roule, il faut que tu roules, il faut qu'il roule (conjuguez)… il faut qu'ils roulent.*

1. *Un chasseur sachant chasser sans son chien sait chasser.*

2. *Combien ces six saucissons-ci ? C'est six sous ces six saucissons-ci.*

### Le commentaire d'ABIS

*Vous n'y arrivez pas,* c'est normal, ces phrases sont difficiles à dire rapidement.

*Vous y arrivez,* bravo. Mais essayez plus vite.

### Entraînement en 5 phrases à articuler

Répétez plusieurs de fois de suite les phrases suivantes :

1. *Dis-moi, gros gras grand grain d'orge, quand te dégrosgrasgrandgraind'orgeras-tu ? Je me dégrosgrasgrandgraind'orgerai, quand tous les grosgrasgrandgrainsd'orge se dégrosgrasgrandgraind'orgeront.*

2. *L'assassin sur son sein suçait son sang sans cesse.*

3. *Pour qui sont ses serpents qui sifflent sur vos têtes ?*

4. *Si cent scies scient cent cigares, six cents scies scient six cents cigares, six cent six scies scient six cent six cigares.*

5. *Il faut qu'un sage garde-chasse sache chasser tous les chats qui chassent dans sa chasse.*

## Le commentaire d'ABIS

Sur quoi portent les difficultés ?

Les intonations, le rythme et l'accent tonique porté sur quelques syllabes vous aident-ils ?

Vous avez des difficultés ? Voici un exercice qui vous permettra d'articuler beaucoup plus facilement : placez un crayon horizontalement entre vos dents. Serrez bien le crayon. L'intérieur de la bouche doit être complètement libre. Prononcez les phrases ci-dessus plusieurs fois.

Lâchez le crayon et prononcez de nouveau les phrases. Vous verrez, l'effet est magique, vous y parviendrez plus facilement.

Refaites ce type d'exercice chaque fois que vous savez que vous devrez être en situation de bien articuler : la bonne articulation ne sera plus pour vous qu'un jeu d'enfant.

# TESTEZ ET AMÉLIOREZ VOTRE GESTUELLE

## Entraînement en 3 situations

### Première situation

Lisez le texte suivant en utilisant toutes les mimiques et tous les gestes nécessaires à sa bonne compréhension. Refaites l'exercice plusieurs fois, jusqu'à ce que vous arriviez à une grande aisance dans les gestes.

*« Je pars à la pêche. Après une demi-heure de marche d'un pas lent, avec ma canne à pêche sur l'épaule, j'arrive près d'une petite rivière qui serpente au milieu de nombreux bouleaux, hauts comme ça. Il y a une clôture en fil de fer barbelé, haute au moins comme ça. Je monte ma canne, composée de quatre éléments de 50 cm environ, je mets mon fil de nylon, je monte un hameçon, de cette taille, et j'enfile un ver, long comme ça. Je saisis ma gaule, je m'approche à pas de loup, je lance ma ligne, mais catastrophe, mon fil s'accroche dans les branches en haut d'un arbre. Je grimpe en m'accrochant aux plus grosses branches pour décrocher mon fil, mais, plouf, je tombe dans la rivière… et je me réveille en sursaut ! »*

### Deuxième situation

Mimez le texte suivant :

*Il est 18 heures Vous attendez un transport en commun. Il arrive. Il y a encore quelques places assises. Mais il y a de plus en plus de monde et vous donnez votre place. Maintenant, vous êtes debout et vous essayez de lire votre journal, mais vous êtes secoué et de plus en plus serré. Finalement vous êtes obligé de ranger votre journal dans votre poche ou votre sac.*

### Troisième situation

Mimez le texte suivant :

*Un chef d'orchestre dirige son orchestre. Il ne fait qu'un avec la musique, il l'éprouve intensément et veut communiquer son émotion à ses musiciens et à tous les spectateurs.*



J'INTÈGRE

## Le commentaire d'ABIS

Réfléchissez à ce que vous venez de faire :

- *votre voix* (pour la première situation) : sa force, son ton, sa modulation ;
- *vos gestes* : leur amplitude, leur ampleur, leur rapidité, leur expressivité ;
- *vos mimiques* : leur nombre, leur expressivité ;
- *votre ressenti :* vos appréhensions, votre tact, votre aisance, votre plaisir.

## TESTEZ VOTRE CAPACITÉ D'ÉCOUTE, VOTRE EMPATHIE ET AMÉLIOREZ VOTRE RÉACTIVITÉ

### Test express en 3 phrases

Que diriez-vous plutôt quand vous faites votre intervention ?

A. *Je suis complètement concentré sur le message que je dois faire passer dans mon exposé oral.*

B. *J'utilise à fond les ressources visuelles dont je dispose.*

C. *Je suis constamment très attentif à tout ce qui se passe dans la salle.*

### Le commentaire d'ABIS

*Vous avez choisi la phrase A :* oui, cela se comprend. Vous êtes concentré sur vous-même et votre message. Vous n'avez pas encore assez d'aisance et de recul pour être attentif aux autres et donc pour intégrer les aspects de communication indispensables pour bien faire passer des messages. Quand vous serez moins crispé sur votre message, vous commencerez à prendre conscience de votre environnement.

*Vous avez choisi la phrase B :* vous avez déjà assez d'expérience pour utiliser les ressources visuelles. Vous êtes encore plus concentré sur vous-même et votre message que sur votre environnement. Dès que vous aurez pris encore un peu plus de recul, vous vous mettrez à être à l'écoute des réactions de votre auditoire.

*Vous avez choisi la phrase C :* bravo, vous êtes suffisamment à l'aise pour vous détacher des techniques des interventions en public et pour vous concentrer non sur vous-même (l'émetteur), mais sur l'auditoire (le récepteur). Cette maîtrise des aspects relationnels permettra à votre message de passer d'autant mieux.



J'INTÈGRE

## Test en 10 situations

| Devant cette situation… | Que feriez-vous plutôt ? (Choisissez une des deux phrases) | | Entourez le n° de la phrase que vous avez choisie |
|---|---|---|---|
| Il y a du brouhaha dans la salle. | 1. | Je continue tranquillement mon exposé. | 1 |
| | 2. | Je tape sur la table, je fais remarquer qu'il y a du brouhaha et je demande le silence pour pouvoir continuer mon intervention. | 2 |
| L'assistance commence à relâcher son attention. | 3. | Je m'arrête un instant, je hausse la voix ou change d'intonation ou de rythme, je fais remarquer à l'assistance qu'elle relâche son attention et j'essaie de faire une plaisanterie. | 3 |
| | 4. | Je ne me laisse pas démonter et je continue mon exposé. | 4 |
| Deux personnes sont penchées l'une vers l'autre et font un aparté. | 5. | Je ne fais rien de spécial, je fais comme si elles n'existaient pas. | 5 |
| | 6. | Je m'interromps et leur demande de faire profiter toute l'assistance de leurs intéressantes réflexions. | 6 |
| Plusieurs personnes gesticulent sur leur chaise. | 7. | Je n'en tiens pas compte. | 7 |
| | 8. | Je me déplace, je vais près d'elles et je leur demande ce qu'elles pensent à propos du point que je suis en train de traiter. | 8 |
| Des personnes donnent des signes d'agacement. | 9. | Je laisse courir. | 9 |
| | 10. | Je m'interromps et propose une pause. | 10 |
| Quelqu'un vous interrompt dans votre exposé. | 11. | Je ne me laisse pas faire et je continue. | 11 |
| | 12. | Je résume ce qu'a dit celui qui m'a interrompu, je réponds rapidement à ce qu'il a dit et je reprends le fil de mon exposé. | 12 |
| L'un des membres de l'assistance vient de donner un argument de poids, que vous n'aviez pas envisagé. | 13. | Je note cet argument, je remets sa discussion à plus tard et je reprends mon exposé. | 13 |
| | 14. | Je fais une parenthèse dans mon exposé pour discuter avec l'auditoire de ce nouvel argument. | 14 |

…/…

| Devant cette situation… | Que feriez-vous plutôt ? (Choisissez une des deux phrases) | Entourez le n° de la phrase que vous avez choisie |
|---|---|---|
| L'ensemble de l'intervention doit durer toute la journée. Il est 13 h 15, il vous faut encore 15 minutes pour terminer votre exposé. | 15. Je le termine, sinon, on perdrait trop de temps dans l'après-midi. | 15 |
| | 16. Je vois que les gens ont faim et n'écoutent plus. J'annonce qu'après le déjeuner, je résumerai brièvement la matinée et que je terminerai mon exposé. Cette conclusion servira à introduire la discussion. | 16 |
| Quelqu'un semble avoir quelque chose à dire, mais n'arrive pas à se faire entendre. | 17. Je m'interromps et je lui donne la parole. | 17 |
| | 18. Je ne fais rien : c'est à lui de savoir s'imposer s'il a quelque chose d'intéressant à dire. | 18 |
| Deux conversations parallèles commencent entre plusieurs membres de l'assistance. | 19. Je continue mon exposé en parlant plus fort. | 19 |
| | 20. Je fais remarquer que si tout le monde parle en même temps, personne ne peut s'entendre, que chacun pourra discuter à la pause ou au moment des « questions » et je reprends mon exposé. | 20 |

Faites votre diagnostic.

| Phrase choisie | Score attribué |
|---|---|
| 1 | 0 |
| 2 | 1 |
| 3 | 1 |
| 4 | 0 |
| 5 | 0 |
| 6 | 1 |
| 7 | 0 |
| 8 | 1 |
| 9 | 0 |
| 10 | 1 |
| Total | … / 5 |

| Phrase choisie | Score attribué |
|---|---|
| 11 | 0 |
| 12 | 1 |
| 13 | 0 |
| 14 | 1 |
| 15 | 0 |
| 16 | 1 |
| 17 | 1 |
| 18 | 0 |
| 19 | 0 |
| 20 | 1 |
| Total | … / 5 |
| Total | … / 10 |



J'INTÈGRE

## Le commentaire d'ABIS

*Vous avez entre 0 et 3 points :* vous suivez votre idée et vous n'êtes pas très sensible à ce qui se passe autour de vous. C'est parfois une force, parfois une faiblesse.

*Vous avez entre 4 et 7 points :* vous avez une attitude équilibrée ; vous êtes attentif à ce qui se passe autour de vous, vous êtes empathique sans perdre de vue votre objectif et la nécessaire bonne organisation de votre intervention.

*Vous avez entre 8 et 10 points :* vous êtes très attentif à ce qui se passe autour de vous, vous êtes à l'écoute des autres et vous avez de l'empathie. Attention toutefois à ne pas vous laisser déborder par les événements.

| Devant cette situation… | | Que feriez-vous plutôt ? | Le commentaire d'ABIS |
|---|---|---|---|
| Il y a du brou-haha dans la salle. | 1. | Je continue tranquillement mon exposé. | L'auditoire n'écoute plus, il faut intervenir. |
| | 2. | Je tape sur la table, je fais remarquer qu'il y a du brouhaha et je demande le silence pour pouvoir continuer mon intervention. | Vous avez remarqué le brouhaha, c'est que vous avez assez de recul pour être attentif à ce qui se passe. Vous avez raison de demander le silence. |
| L'assistance commence à relâcher son attention. | 3. | Je m'arrête un instant, je hausse la voix ou change d'intonation ou de rythme, je fais remarquer à l'assis-tance qu'elle relâche son attention et j'essaie de faire une plaisanterie. | Oui, il est nécessaire de capter de nouveau l'attention de l'assis-tance. Choisissez le moyen qui vous convient le mieux. |
| | 4. | Je ne me laisse pas démonter et je continue mon exposé. | Bravo de ne pas vous laisser démon-ter, mais est-ce bien la peine de par-ler si personne n'écoute ? |
| Deux person-nes sont pen-chées l'une vers l'autre et font un aparté. | 5. | Je ne fais rien de spécial, je fais comme si elles n'existaient pas. | Si elles ne gênent pas, vous avez raison. Si cela dure un peu trop, il faut intervenir. |
| | 6. | Je m'interromps et leur demande de faire profiter toute l'assistance de leurs réflexions. | C'est une bonne idée : soit elles apporteront des réflexions intéres-santes, soit elles se tairont, mais attention, il ne faut pas être blessant. |

…/…

| Devant cette situation… | Que feriez-vous plutôt ? | Le commentaire d'ABIS |
|---|---|---|
| Plusieurs personnes gesticulent sur leur chaise. | 7. Je n'en tiens pas compte. | Il est probable que la gesticulation ira croissant si vous ne faites rien. |
| | 8. Je me déplace, je vais près d'elles et je leur demande ce qu'elles pensent à propos du point que je suis en train de traiter. | C'est peut-être une bonne tactique. |
| Des personnes donnent des signes d'agacement. | 9. Je laisse courir. | Il est probable que l'agacement ira croissant si vous ne faites rien. |
| | 10. Je m'interromps et leur demande si elles ont des arguments à propos de la question qui est en train d'être traitée. | Elles vont se sentir impliquées et feront peut-être avancer le débat avec des idées auxquelles vous n'avez pas pensé. |
| Quelqu'un vous interrompt dans votre exposé. | 11. Je ne me laisse pas faire et je continue. | Espérons que ça marche. |
| | 12. Je résume ce qu'a dit celui qui m'a interrompu, je réponds rapidement à ce qu'il a dit et je reprends le fil de mon exposé. | Bravo, vous faites preuve à la fois d'écoute, d'empathie, mais vous ne perdez pas de vue votre fil directeur. |
| L'un des membres de l'assistance vient de donner un argument de poids, que vous n'aviez pas envisagé. | 13. Je note cet argument, je remets sa discussion à plus tard et je reprends mon exposé. | Vous faites bien. |
| | 14. Je fais une parenthèse dans mon exposé pour discuter avec l'auditoire de ce nouvel argument. | Vous faites bien aussi, vous avez assez d'assurance pour vous permettre plus de souplesse. |
| L'ensemble de l'intervention doit durer toute la journée. Il est 13 h 15, il vous faut encore 15 minutes pour terminer votre exposé. | 15. Je le termine, sinon, on perdrait trop de temps dans l'après-midi. | L'auditoire a faim, il est fatigué, il n'écoutera sans doute pas la fin de votre intervention. |
| | 16. Je vois que les gens ont faim et n'écoutent plus. J'annonce qu'après le déjeuner, je résumerai brièvement la matinée et que je terminerai mon exposé. Cette conclusion servira à introduire la discussion. | Vous avez raison. Il sera ensuite attentif à votre résumé et votre conclusion. Cela fera une bonne introduction pour le débat. |

.../...



J'INTÈGRE

| Devant cette situation… | Que feriez-vous plutôt ? | Le commentaire d'ABIS |
|---|---|---|
| Quelqu'un semble avoir quelque chose à dire, mais n'arrive pas à se faire entendre. | 17. Je m'interromps et je lui donne la parole. | Vous avez raison : ce n'est pas parce que l'on ne sait pas trop s'imposer qu'on n'a pas de bonnes idées et vous devez rechercher toutes les bonnes idées. |
| | 18. Je ne fais rien : c'est à lui de savoir s'imposer s'il a quelque chose d'intéressant à dire. | Vous passerez peut-être à côté d'une idée intéressante. |
| Deux conversations parallèles commencent entre des membres de l'assistance pour discuter l'un de vos arguments. | 19. Je continue mon exposé en parlant plus fort. | C'est une possibilité, mais êtes-vous entendu ? |
| | 20. Je fais remarquer que si tout le monde parle en même temps, personne ne peut s'entendre, que chacun pourra discuter à la pause ou au moment des « questions » et je reprends mon exposé. | C'est une bonne idée. Chacun se concentrera de nouveau sur ce que vous dites. |

## TESTEZ VOTRE ATTITUDE VIS-À-VIS DES QUESTIONS ET APPRENEZ À Y RÉPONDRE AVEC AISANCE

### Test en 3 phrases

Choisissez la phrase qui correspond le plus à ce que vous pensez.

A. *Les questions et le débat, c'est un peu artificiel. Si l'intervention est bien faite la réponse aux questions se trouve dans l'intervention.*

B. *Les questions après une intervention montrent souvent que l'auditoire n'a pas vraiment bien compris. C'est l'occasion de répéter son message et de mieux le faire passer.*

C. *Ce n'est qu'au moment du débat que l'auditoire est vraiment impliqué. L'intervention, d'une certaine façon, n'est qu'une longue et indispensable phase préparatoire.*

### Le commentaire d'ABIS

Lors de votre intervention, soyez cohérent avec votre attitude vis-à-vis des questions et du débat.

Il vaut mieux un intervenant qui ne fasse pas de débat s'il ne se sent pas à l'aise qu'un intervenant qui s'oblige à répondre à des questions et à animer un débat s'il n'y croit pas.

*Si vous avez choisi la phrase A,* ne vous forcez pas, tant que vous n'avez pas la conviction que les questions vont apporter quelque chose à votre auditoire.

*Si vous avez choisi la phrase B,* répétez votre message, mais essayez de le faire avec d'autres mots, les mots employés par celui qui vous a posé la question, et essayez de le contextualiser par rapport à la situation qu'il a décrite dans sa question.

*Si vous avez choisi la phrase C,* et si vous avez déjà une bonne expérience, annoncez dès le début que votre intervention va être courte et que vous répondrez longuement aux questions pour mieux coller à la réalité de chacun.



J'INTÈGRE

## Entraînement en 10 situations

Voici dix situations auxquelles vous pouvez être confronté lors d'une intervention. Que feriez-vous ?

1.  Vous n'avez pas bien entendu (ou compris) la question.
    Que faites-vous ? ....................................................................

2.  La question est très longue et confuse.
    Que faites-vous ? ....................................................................

3.  De nombreuses personnes demandent la parole.
    Que faites-vous ? ....................................................................

4.  Au lieu de poser une question, l'auditeur argumente.
    Que faites-vous ? ....................................................................

5.  Vous ne pouvez pas répondre à la question.
    Que faites-vous ? ....................................................................

6.  Personne ne pose de questions. Cela devient pénible.
    Que faites-vous ? ....................................................................

7.  L'auditeur pose une question très agressive.
    Que faites-vous ? ....................................................................

8.  L'auditeur se lance dans un discours. Vous voyez que cela incommode l'auditoire.
    Que faites-vous ? ....................................................................

9.  Les questions fusent de toutes parts.
    Que faites-vous ? ....................................................................

10. Le temps global de l'intervention est écoulé, il faut rendre la salle et vous n'avez pas répondu à toutes les questions.
    Que faites-vous ? ....................................................................

## Le commentaire d'ABIS

| Situation | Notre commentaire |
|---|---|
| 1. Vous n'avez pas bien entendu (ou compris) la question. | Vous pouvez dire : *Le micro n'a pas bien fonctionné. Veuillez avoir l'amabilité de répéter votre question.* (L'auditeur répète.)<br>Vous pouvez alors dire : *Vous vous demandez…* (vous résumez la question, puis vous y répondez). |
| 2. La question est très longue et confuse. | Au bout d'un moment, vous pouvez couper la parole de l'auditeur. Vous résumez brièvement la question, vous y répondez brièvement et vous passez la parole à quelqu'un d'autre. |
| 3. De nombreuses personnes demandent la parole. | Donnez des règles de fonctionnement : soit chacun son tour, et donnez la parole à une première personne, soit noter toutes les questions sur un tableau (dans des petites assemblées), soit avoir recours à la technique des questions écrites (dans des grandes assemblées). |
| 4. Au lieu de poser une question, l'auditeur argumente. | Cette situation est difficile. Vous pouvez donner quelques arguments, mais il ne faut pas vous laisser enfermer dans une argumentation avec un seul auditeur.<br>Après avoir donné vos arguments, passez immédiatement la parole à un autre auditeur. |
| 5. Vous ne pouvez pas répondre à la question. | Dites-le et dites pourquoi.<br>Posez éventuellement la question au public ou à quelqu'un que vous connaissez dans l'assistance susceptible d'avoir la réponse. |
| 6. Personne ne pose de questions. Cela devient pénible. | Dites : *Je constate que personne n'a de questions.*<br>Faites de l'humour. Vous pouvez dire par exemple : *J'en conclus que j'ai été très clair et je m'en réjouis donc.*<br>Vous prenez congé. |
| 7. L'auditeur pose une question très agressive. | Reformulez la question. Répondez-y avec courtoisie.<br>Donnez immédiatement la parole à un autre auditeur. |
| 8. L'auditeur se lance dans un discours. Vous voyez que cela incommode l'auditoire. | Dites : *Permettez-moi de vous interrompre. Si j'ai bien compris votre position est de…* (s'il y a une question, y répondre brièvement – s'il n'y en a pas, passez immédiatement la parole à quelqu'un d'autre). |

…/…

| Situation | Notre commentaire |
| --- | --- |
| 9. Les questions fusent de toutes parts, on ne s'entend plus. | Tapez un peu sur le pupitre ou sur la table pour obtenir le silence. Invitez à un peu de discipline. Rassurez en disant que tout le monde aura le temps de poser sa question (ou ayez recours à la technique des questions écrites, mais il faut aller vite. |
| 10. Le temps global de l'intervention est écoulé, il faut rendre la salle et vous n'avez pas répondu à toutes les questions. | Dites : *Je vous remercie de votre attention. Il ne me reste plus qu'à prendre congé et à souhaiter que ce rapide tour d'horizon vous sera profitable pour…* |

# 21

# Quelques citations pour inciter aux « meilleures pratiques »

> *Un trésor de belles maximes est toujours préférable*
> *à un amas de richesses.*
> Socrate

> *Les bonnes maximes sont les germes de tout bien.*
> *Fortement imprimées dans la mémoire,*
> *elles nourrissent la volonté.*
> Joseph Joubert

Si au cours de la lecture de cet ouvrage l'une ou l'autre des citations vous a particulièrement frappé, vous pourrez la retrouver très vite dans ce court recueil accompagnée de quelques autres qui la complètent.

Vous pourrez aussi les utiliser avec bonheur dans beaucoup de circonstances de votre vie professionnelle.

## À QUOI SERVENT LES CITATIONS ?

Faire une citation (du latin *citare*, qui signifie aussi « mettre en mouvement, faire venir à soi »), c'est utiliser une phrase bien tournée, brillante, concise, écrite ou prononcée par un homme célèbre ou un auteur à forte notoriété. C'est aussi utiliser un adage, un aphorisme, un dicton, une maxime, un proverbe, un bon mot, un trait d'esprit, une petite phrase ou une réplique de théâtre ou de cinéma pour exprimer une idée et frapper les esprits.

Selon les circonstances, les citations vous permettent de :

- proposer un exemple bien choisi ;
- illustrer votre propos et renforcer son impact ;
- éveiller l'intérêt de vos interlocuteurs et susciter leur réflexion ;
- introduire une question à débattre à la manière des *opening jokes/ice breakers* anglaises, petites plaisanteries qui ouvrent un exposé ou un débat ;
- conforter votre argumentation, lui apporter de la crédibilité grâce à l'autorité de la personne citée ;
- détendre l'atmosphère ;
- réveiller les esprits.

## COMMENT CHOISIR ET UTILISER LES CITATIONS ?

Les citations les plus percutantes tirent souvent leur efficacité de la force évocatrice des images et des analogies qu'elles utilisent. La belle formule séduit à la fois le rationnel et l'irrationnel qui sont en nous, autrement dit le cerveau gauche et le cerveau droit.

Mais attention, une citation doit toujours être pertinente. Vous devez la choisir en fonction de sa représentativité et de sa force argumentaire. Les citations humoristiques peuvent aussi être très utiles, mais c'est à vous d'apprécier si vous êtes à l'aise pour les utiliser.

Une bonne citation, arrivant opportunément, est toujours très appréciée, autant qu'une réflexion personnelle originale. Bien entendu, l'honnêteté intellectuelle est de rigueur et il vaut mieux ne pas déformer les citations ni attribuer à l'auteur des pensées qu'il n'avait pas.

Pour introduire votre citation, vous pouvez avoir recours à diverses formules comme : *selon, d'après, comme disait, conformément à ce que disait, suivant, selon le point de vue de, si l'on en croit*, etc.

Nous vous incitons à mémoriser quelques-unes des formules de ce court recueil. Elles vous viendront alors à l'esprit dès que vous en aurez besoin et vous faciliteront souvent la tâche.

## RECUEIL DE CITATIONS POUR PROMOUVOIR LA BONNE ATTITUDE LORS DES INTERVENTIONS

### Improviser

*La parole n'a pas été donnée à l'homme, il l'a prise.* (Louis Aragon)

Et aussi :

*La première lecture est au lecteur ce que l'improvisation est à l'orateur.* (Émile Faguet, *L'Art de lire*)

*Pour réussir, il ne suffit pas de prévoir, il faut aussi savoir improviser.* (Isaac Asimov)

*Tout le monde disait : c'est impossible. Il est arrivé quelqu'un qui ne le savait pas… et il l'a fait.* (Marcel Pagnol)

*Le langage est aux postes de commande de l'imagination.* (Gaston Bachelard)

*Ce qui va sans le dire va encore mieux en le disant.* (Talleyrand)

### Préparer le contenu de l'intervention

*Imitons l'abeille, elle fait de grandes randonnées, sans perdre son objectif.* (Louis-Marie Parent)

Et aussi :

*Ce n'est pas au pied du mur qu'on voit le maçon, c'est au sommet.* (Auguste Detœuf)

*Pour atteindre l'objectif final, je me concentre d'abord sur la préparation.* (David Douillet)

*Il y a la montagne à gravir et les étapes pour arriver au sommet. Ces étapes sont votre quotidien.* (Yannick Noah)

### Structurer l'intervention en fonction des objectifs et de l'auditoire

*Les objectifs que tu te fixes t'aident à surmonter des problèmes provisoires.* (Hannah More)



J'INTÈGRE

Et aussi :

*Celui qui n'a pas d'objectifs ne risque pas de les atteindre.* (Sun Tzu)

*Le meilleur moyen de se préparer à son objectif, c'est de s'imaginer qu'on l'a déjà atteint.* (Dominique Glocheux)

## Envoyer les convocations

*C'est un honneur d'avoir le risque de ne pas plaire. Cela signifie qu'on est attendu.* (Laurent Gaudé)

Et aussi :

*C'est du désir que naît la volonté. Le désir est fils de l'organisation.* (Denis Diderot)

## Veiller aux lieux d'accueil

*Il faut un minimum de confort pour pratiquer la vertu.* (Saint Thomas d'Aquin)

Et aussi :

*La soif de connaissance et d'expérience, le désir d'agrément et de confort ne peuvent jamais être apaisés.* (Thomas Edison)

## Faire l'intervention

*Un bon archer atteint la cible avant même d'avoir tiré.* (Zhao Buzhi)

Et aussi :

*Les plus beaux mots du monde ne sont que des sons inutiles si vous ne pouvez pas les comprendre.* (Anatole France)

*Ce qui se conçoit bien s'énonce clairement et les mots pour le dire arrivent aisément.* (Boileau)

*Ce qui manque aux orateurs en profondeur, ils vous le donnent en longueur.* (Montesquieu)

*Parler beaucoup et parler à propos ne sont pas la même chose.* (Sophocle)

## Tromper son trac

*Le trac, ça vous vient avec le talent.* (Sarah Bernhardt)

Et aussi :

*Le trac est fondamentalement le même chez un champion et chez un débutant. La différence vient de ce que le premier a appris à mieux le maîtriser que le second.* (John McEnroe)

## Agencer l'espace, le matériel, la documentation

*L'espace, c'est le luxe absolu.* (Bertrand Lavier)

Et aussi :

*On ne sait jamais pourquoi on remplit une salle, mais on sait pourquoi on la vide.* (Thierry Le Luron)

*Au milieu d'une salle qui éclate de rire, je ne vois que le spectateur qui ne rit pas.* (Fernand Raynaud)

*Il est terrible de répéter une pièce devant une salle vide.* (Francis Blanche)

## Apprivoiser les lois subtiles de la communication

*Entre Ce que je pense, Ce que je veux dire, Ce que je crois dire, Ce que je dis, Ce que vous avez envie d'entendre, Ce que vous entendez, Ce que vous avez envie de comprendre, Ce que vous comprenez, Il y a dix possibilités qu'on ait des difficultés à communiquer. Mais essayons quand même.* (Bernard Werber)

Et aussi :

*Dans la communication, le plus compliqué n'est ni le message, ni la technique, mais le récepteur.* (Dominique Wolton)

*Une bonne communication est aussi stimulante qu'une tasse de café et empêche aussi bien de dormir après.* (Anne Morrow Lindberg)

*La chose la plus importante dans la communication, c'est d'entendre ce qui n'est pas dit.* (Peter Drucker)



J'INTÈGRE

## Tenir son public en haleine

*Cet homme possédait le pouvoir magique d'exprimer ses sentiments par le mouvement et par le geste.* (Stefan Zweig)

Et aussi :

*Pour exprimer son âme, on n'a que son visage.* (Jean Cocteau)

*Ce que cache mon langage, mon corps le dit… Mon corps est un enfant entêté, mon langage est un adulte très civilisé.* (Roland Barthes)

*Il existe un langage qui est au-delà des mots.* (Paulo Coelho)

*Le langage est une peau : je frotte mon langage contre l'autre.* (Roland Barthes)

*Un regard est dans tout pays un langage.* (George Herbert)

*Là où le discours en reste aux mots, la parole engage le corps.* (Jacques Lecoq)

*Quand on change de vêtement, on change de comportement.* (Frédéric Monneyron)

*Chez un orateur, le geste rivalise avec la parole, jaloux de la parole, le geste court derrière la pensée et demande, lui aussi, à servir d'interprète.* (Bergson)

## Parler simple et juste

*Il ne suffit pas de parler, il faut parler juste.* (William Shakespeare)

Et aussi :

*Qui ne connaît la valeur des mots ne saurait connaître les hommes.* (Confucius)

*Tous les moyens de l'esprit sont enfermés dans le langage ; et qui n'a point réfléchi sur le langage n'a point réfléchi du tout.* (Alain)

*Le discours est le visage de l'âme.* (Sénèque)

*La langue est système commun à tous : le discours est à la fois porteur d'un message et instrument d'action.* (Émile Benveniste)

*La précision, c'est pas quand on ajoute, c'est quand on retire.* (Léonard de Vinci)

## Argumenter pour convaincre

*Vous parlez toujours à quelqu'un de quelque chose et non pas de quelque chose à quelqu'un.* (Jacques Bojin et Sandrine Gelin)

*Le dialogue véritable consiste à s'appuyer sur l'idée de son interlocuteur, non à la démolir.* (Edward George Bulwer Lytton)

*Ce qui persuade, c'est le caractère de celui qui parle, non son langage.* (Ménandre)

*L'art de persuader consiste autant en celui d'agréer qu'en celui de convaincre.* (Pascal)

## Écouter pour intéresser, répondre aux questions et débattre

*Je ne me fais pas entendre si personne ne me répond.* (Elsa Triolet)

Et aussi :

*Quand on sait entendre, on parle toujours bien.* (Molière)

*Qui parle sème, qui écoute récolte.* (Pythagore)

*Ne ronflez pas si fort, vous allez réveiller les autres.* (Anonyme, cité par Jean-Louis Wilmes)

*Il faut savoir poser des questions qui déboulonnent les certitudes.* (Raymond Lévy)

## Gérer les moments clés

*Dis-toi que les gens à qui tu t'adresseras attendent trois choses : apprendre, s'émouvoir, se distraire.* (Léon Daudet)

Et aussi :

*N'oublie pas qu'un bon mot est un bienfait des Dieux et qu'une image juste l'emporte sur le meilleur des raisonnements.* (Léon Daudet)

## S'appuyer sur l'univers traditionnel de la parole

*Sera éloquent celui qui [...] parlera de manière à prouver, à charmer, à fléchir. Prouver est la part de la nécessité ; charmer, de l'agrément ; fléchir, de la victoire.* (Cicéron)

Et aussi :

*Ce qu'il y a de bon ou de mauvais dans un discours, je puis, moi, le discerner, si j'ai assez de sens critique et de compétence ; mais ce que vaut l'orateur, cela, c'est aux effets produits par sa parole qu'on pourra s'en rendre compte. Les effets à obtenir sont, à mon avis du moins, au nombre de trois : instruire l'auditoire, lui plaire, l'émouvoir vivement.* (Cicéron)

## Tirer profit de la communication par l'image

*Une image vaut mille mots.* (Confucius)

Et aussi :

*Un bon croquis vaut mieux qu'un long discours.* (Napoléon I$^{er}$)

*Tout homme a, a eu ou aura besoin d'un dessin pour faire passer son message.* (Helbé)

# Glossaire

ANACOLUTHE • Figure de style consistant en une rupture dans la construction normale d'une phrase.

ANTIPHRASE • Figure de style consistant à employer un mot, une phrase dans un sens contraire à son sens réel.

ANTITHÈSE • Figure de style consistant à rapprocher deux idées, deux expressions, deux mots pour mieux faire ressortir leur contraste.

ANTONOMASE • Figure de style consistant à remplacer un nom commun par un nom propre ou une périphrase.

APPAREIL PHONATOIRE • Ensemble des parties du corps qui servent à produire des sons. Il comprend la trachée, le pharynx, le larynx, les cordes vocales, l'épiglotte, le nez, la langue, les lèvres et les dents.

ASSERTIVITÉ, ASSERTIF • Comportement consistant à s'affirmer sans agressivité, notamment par l'expression, la reconnaissance et le contrôle de ses émotions.

ATTESTATION (POUVOIR D') • Capacité à apporter un témoignage.

ATTITUDE • État d'esprit qui sous-tend l'ensemble des comportements.

BIAIS COGNITIF • Distorsion dans la perception de la réalité.

BRAINSTORMING • Méthode de réunion de groupe pour trouver des idées nouvelles.

CARTE DU MONDE • Terme utilisé en PNL. Représentation mentale de la réalité à partir de laquelle s'élaborent les choix et les comportements de chacun.

CERVEAU DROIT • Hémisphère cérébral producteur de créativité.

CERVEAU GAUCHE • Hémisphère cérébral producteur de rationalité.

CHARTE GRAPHIQUE • Codification des éléments qui forment l'identité visuelle. (Alain Joannès)

CHIASME • Figure de style consistant à disposer en sens inverse deux termes identiques dans deux segments de la phrase.

COGNITIF (FONCTIONS COGNITIVES) • Lié au processus d'acquisition des connaissances. Il y a quatre fonctions cognitives : la perception, la mémoire et l'apprentissage, la pensée et le raisonnement, l'expression et la communication.

COMMUNICATION • Ensemble des moyens permettant d'établir une relation avec autrui.

COMPARAISON • Figure de style consistant à mettre en relation deux termes par un élément comparatif.

COMPOSITION (DE L'IMAGE) • Agencement des éléments de l'image selon certaines règles.

COMPÉTENCE • Ensemble de savoir, savoir-faire, savoir-être permettant d'effectuer certaines tâches.

CORPOREL (LANGAGE) • Ensemble des gestes, expressions et attitudes physiques permettant de communiquer avec autrui.

CROYANCE • Terme utilisé en PNL dans un sens très particulier : une certitude qui sous-tend les comportements. C'est un présupposé dont on se sert pour donner un sens à son expérience et qui génère les critères et les valeurs.

DÉBIT (DE LA VOIX) • Vitesse avec laquelle les paroles sont prononcées.

DÉDUCTION • Forme de raisonnement qui tire des conclusions en suivant des règles logiques à partir de données de base générales.

DÉLIBÉRATIF (GENRE) • Type de discours devant orienter une décision de l'auditoire. Initialement réservé au domaine politique, étendu à tout type de prise de décision (à l'exclusion des décisions judiciaires).

DÉMONSTRATIF (GENRE) • Type de discours pédagogique ou de célébration d'événements exceptionnels.

DIRECTIF (REGISTRE DE COMMUNICATION DE L'IMAGE) • Orienté vers des informations simples (signalétique, sécurité).

DISCOURS • Développement oral tenu devant un auditoire. Plus généralement, parole, langage.

ÉCOUTE ACTIVE • Position de celui qui écoute pour trouver des solutions. Elle consiste à être réceptif à tout ce que dit l'autre et à l'aider à aller au bout de sa pensée, notamment par le questionnement et les reformulations.

**ELLIPSE** • Figure de style consistant à omettre un ou plusieurs mots dans une phrase.

**ÉMETTEUR** • Personne ou système à l'origine d'un processus de communication.

**ÉMOTION** • Réaction affective intense provoquée par la façon de percevoir une réalité et entraînant des manifestations physiques (pâleur, rougissement, accélération du pouls, etc.) et mentales.

**ÉMOTIVITÉ** • Prédisposition à ressentir fortement les émotions.

**EMPATHIE** • Aptitude à se mettre à la place d'autrui.

**EUPHÉMISME** • Figure de style consistant à remplacer une idée désagréable par une forme adoucie, atténuée.

**FEED-BACK (OU RETOUR)** • Information en retour à l'occasion d'un échange.

**FIGURE DE STYLE** • Type d'expression qui attire l'attention par son originalité et donne ainsi plus de force au message.

**FILTRE** • Moyen mis en place pour ne retenir que certains éléments des messages reçus.

**GENRE ORATOIRE** • *Voir* délibératif, démonstratif, judiciaire.

**GESTION DU TEMPS** • Organisation de son temps de travail afin de réaliser une tâche dans un temps convenu pour atteindre un but.

**GESTUELLE** • Ensemble des gestes.

**GRADATION** • Figure de style consistant à employer des mots ou des expressions allant en progression croissante ou décroissante.

**HYPERBOLE** • Figure de style consistant à mettre en relief une idée au moyen d'une exagération.

**HALO (EFFET DE)** • Biais cognitif : contamination d'un élément sur un autre dans le domaine de la perception ou de la communication.

**IDÉOGRAMME** • Signe associé à une idée.

**IMPROVISATION** • Action mise en œuvre sur le champ, sans préparation.

**INCITATIF (REGISTRE DE COMMUNICATION DE L'IMAGE)** • De type persuasif.

INDICATIF (REGISTRE DE COMMUNICATION DE L'IMAGE) • De type pédagogique.

INDUCTION • Forme de raisonnement qui tire des conclusions générales à partir de cas particuliers.

INTERACTIF (REGISTRE DE COMMUNICATION DE L'IMAGE) • Permet la collaboration de personnes qui agissent en ajustant leur comportement grâce à des échanges homme-machine.

INTERVENTION • Fait de prendre la parole devant un auditoire.

INTERVIEW • Entretien dont le but est d'interroger quelqu'un sur quelque chose.

INTONATION • Ton, variations dans le ton de la voix.

INVERSION • Figure de style consistant à inverser l'ordre des mots par rapport à leur ordre normal dans la phrase.

IRONIE • Figure de style consistant à dire le contraire de ce que l'on veut dire.

JUDICIAIRE (GENRE) • Type de discours contradictoire tenant à établir, qualifier et juger des faits ; à accuser et à défendre. Il est tenu par des avocats qui s'adressent à un tribunal.

KINESTHÉSIE • Ensemble des sensations concernant la perception du corps.

LANGAGE • Ensemble de signes servant de moyen de communication.

LITOTE • Figure de style consistant à en dire le moins pour faire comprendre le plus.

LOGIQUE • Manière de raisonner de façon déductive.

LOGO • Dessin qui sert à identifier et différencier une organisation.

MÉTACOMMUNICATION • Contenu relationnel de la communication : messages affectifs et émotionnels transmis par le langage non verbal (ton, mimiques, attitudes corporelles) en même temps que les messages rationnels.

MÉTAPHORE • Figure de style consistant à donner un sens à un mot par analogie implicite.

MÉTONYMIE • Figure de style consistant à dénommer un concept par un autre.

MIMIQUE • Expression du visage qui exprime une pensée.

MODULATION • Changements de ton, d'accent, d'intensité, de hauteur dans l'émission d'un son.

MOTIVATION • Force interne et individuelle qui pousse un individu à l'action jusqu'à ce que le but soit atteint.

NON VERBAL (LANGAGE) • Langage qui n'utilise pas les mots pour communiquer.

OBJECTIF • But à atteindre (avec des ressources, un délai, une qualité et un coût préétablis).

OXYMORE • Figure de style consistant à allier deux mots de sens contraire.

PARAVERBAL (LANGAGE) • Signes non verbaux qui accompagnent la parole (intonation, vitesse d'élocution, voix).

PERFORMANCE • Recherche d'un rapport ressources/résultat optimal.

PÉRIPHRASE • Figure de style consistant à dire en plusieurs mots ce qu'on pourrait dire en un seul.

PICTOGRAMME • Dessin stylisé utilisé en signalétique.

PNL (PROGRAMMATION NEUROLINGUISTIQUE) • Élaboration de moyens d'observation et de codification pour l'étude des réalités psychologiques individuelles ou collectives et de moyens d'action pour développer l'efficacité personnelle.
Le terme « programmation » désigne les processus dynamiques de perception et de représentation sensorielle, d'organisation de la pensée et des comportements.
Le terme « neurolinguistique » désigne la prise en charge par le système nerveux des perceptions, des représentations et leurs manifestations dans le langage et le comportement.

PLÉONASME • Répétition de deux termes synonymes.

POSTURE • Position du corps.

PRIORITÉ • Ce qui a le plus d'importance. Ce qui doit être fait en premier.

PROCESS COMMUNICATION • Outil pour comprendre la personnalité et adopter des stratégies de communication efficaces.

RÉCEPTEUR • Personne ou système destinataire d'une communication.

REFORMULATION • Répétition avec d'autres mots de ce que vient de dire l'interlocuteur en y mettant le cas échéant une forme interrogative. La reformulation doit inciter l'interlocuteur à continuer à parler.

REGISTRE • Catégorie, ensemble. *Voir* directif, incitatif, indicatif, sensoriel.

REGROUPEMENT PARALLÈLE • Dans une démarche de type inductif, rapprochement de faits dont on tire une signification à partir de leurs caractéristiques communes.

REGROUPEMENT DÉDUCTIF • Dans une démarche de type déductif, identification de faits logiquement reliés entre eux.

RÉSONANCE • Répercussion dans l'imaginaire.

RHÉTORIQUE • Art de bien parler et science qui en établit les règles.

SÉMANTIQUE • Étude de la signification des mots.

SÉMIOTIQUE • Étude de la signification des signes.

SENSATION • Impression ou perception physique de quelque chose.

SENSORIEL (REGISTRE) • Système de perception : visuel, auditif, kinesthésique, olfactif, gustatif.

SUBSIDIARITÉ (PRINCIPE DE) • Recherche du moyen d'action juste nécessaire pour atteindre son objectif.

SYNCHRONISATION • Action de se mettre en phase avec le ressenti de son interlocuteur.

SYNECDOQUE • Figure de style consistant à prendre la partie pour le tout, la matière pour l'objet, le contenant pour le contenu.

TRAC • Peur diffuse et irraisonnée au moment de faire quelque chose, notamment au moment d'affronter un public, entraînant des manifestations physiques (gorge serrée, pouls qui s'accélère).

VALEUR • Convictions partagées par l'ensemble des membres d'une organisation.

VAKOG • Terme utilisé en PNL. Désigne l'orientation sensorielle d'une perception : visuelle, auditive, kinesthésique, olfactive, gustative.

# Bibliographie


## PRISE DE PAROLE EN PUBLIC

BELLENGER L., *Réussissez vos prises de parole*, Paris, ESF Éditeur, 2005.

BOJIN J. et GELIN S., *Intervenir en public*, Paris, Éditions d'Organisation, 2003.

GELY C., *Savoir improviser*, Studyrama, 2008.

## TECHNIQUES DE COMMUNICATION

BRADBURY A., *PNL, Communiquer intelligent*, Paris, L'Entreprise, 2007.

CARDON A., LENHARDT V., NICOLAS P., *L'Analyse transactionnelle*, Paris, Éditions d'Organisation, 2003.

CUDICIO C., *Comprendre la PNL*, Paris, Eyrolles, 2006.

DULUC A., MULLER J.-L., PINA A. et VENDEUVRE F., *La PNL avec les mots de tous les jours*, Paris, ESF Éditeur, 2008.

JOSIEN M., *Techniques de communication interpersonnelle*, Paris, Éditions d'Organisation, 2007.

## TRAC

GARIBAL G., *Les Trucs anti-trac*, Paris, Éditions d'Organisation, 2002.

RICQUIER M., *Vaincre le trac grâce à une meilleure connaissance du fonctionnement mental*, Paris, Trédaniel Poche, 2008.

## ARGUMENTATION

SIMONET R. et SIMONET J., *Savoir argumenter*, Paris, Éditions d'Organisation, 2004.

## PERSUASION

NIVOIX M.-C. et LEBRETON Ph., *L'Art de convaincre*, Paris, Éditions d'Organisation 2007.

## DISCOURS

GARAUDY R., *Les Orateurs de la Révolution française*, Paris, Classiques Larousse, 1989.

LABIAUSSE K., *Les Grands Discours de l'histoire*, Paris, Librio, 2007.

## IMAGE

JOANNÈS A., *Communiquer par l'image*, Paris, Dunod, 2008.

Spécialistes des solutions sur mesure, nous accompagnons nos clients dans la réalisation de leurs projets de formation.
Notre objectif est de leur assurer un transfert de compétences optimal. Pour cela, nous leur proposons des solutions personnalisées, des formations en groupes restreints ou en cursus individuels.
De l'analyse du besoin aux évaluations à l'issue de l'action de formation, A-BIS s'adapte aux exigences de chacun.

## Nos 3 pôles d'interventions

### Management et communication

- Management
- Efficacité professionnelle
- Langues et Inter-culturel

### Fonctions de l'entreprise

- Marketing
- Ventes et achats
- Comptabilité
- Finance
- Ressources humaines
- Accueil
- Assistanat

### Informatique

- Logiciels spécialisés
- Bureautique

Découvrez plus de 100 programmes détaillés sur notre site
**www.a-bis.fr**

A-BIS FORMATION – 27 rue de la Bienfaisance 75008 PARIS
Tél : 01 44 70 01 69 / Fax : 01 44 70 01 79

*Imprimé en Allemagne par BoD*
*Dépôt légal : Janvier 2022*